EDIÇÕES VIVA LIVROS

# *Faça sua vida valer a pena*

Emmet Fox (1886-1951) nasceu na Irlanda e viveu na Inglaterra, nos Estados Unidos e na França, onde faleceu. Formado numa escola jesuíta e graduado em engenharia, interessava-se pela pesquisa de temas religiosos. Foi um dos estudiosos da corrente religiosa cristã denominada New Thought – que defende a onipresença divina e incentiva a atitude positiva em relação à vida. Fox foi ministro da Igreja da Ciência Divina em Nova York e um dos mais populares oradores da década de 1930. Entre os livros de sua autoria figuram os best-sellers *O Sermão da Montanha* e *Os Dez Mandamentos.*

Emmet Fox

# Faça sua vida VALER a pena

Tradução de
ISABEL PAQUET DE ARARIPE

1ª edição

viva livros

RIO DE JANEIRO – 2012

CIP-BRASIL. CATALOGAÇÃO-NA-FONTE
SINDICATO NACIONAL DOS EDITORES DE LIVROS, RJ

Fox, Emmet, 1886-1951
F863f Faça sua vida valer a pena / Emmet Fox; tradução de Isabel Paquet
1ª ed. de Araripe. – 1ª edição – Rio de Janeiro: Viva Livros, 2012.

Tradução de: Make Your Life Worthwhile
ISBN 978-85-8103-009-8

1. Pensamento Novo. I. Título.

CDD: 248.48998
12-0747 CDU: 289.98

*Faça sua vida valer a pena*, de autoria de Emmet Fox.
Título número 010 da Coleção Viva Livros.
Primeira edição impressa em março de 2012.
Texto revisado conforme o Acordo Ortográfico da Língua Portuguesa.

Título original norte-americano:
MAKE YOUR LIFE WORTHWHILE



www.vivalivros.com.br

**Nota do editor**: Os textos intitulados "A crise atual" e " Natal de 1942" não foram incluídos nesta edição de bolso por abordarem especificamente aspectos da realidade norte-americana na década de 1940.

Design de capa: Design de capa: Sergio Campante sobre foto intitulada "Girl lying in grass laughing" (Cavan Images/Getty Images).



Impresso no Brasil

ISBN 978-85-8103-009-8

# Sumário

# Apresentação

Estes pequenos ensaios falam por si. São, na verdade, uma série de instruções práticas para uma vida bem-sucedida.

O verdadeiro sucesso – felicidade, paz de espírito, prosperidade e saúde – está ao alcance de todos aqueles que sinceramente o desejam e que estão dispostos a pagar o preço.

O preço que você paga é ler atentamente estas lições – não uma vez, mas várias – e depois aplicá-las na resolução de seus problemas práticos, tanto os grandes quanto os pequenos, pois a única maneira de demonstrar estes ensinamentos é vivê-los.

# Preguiçoso, vá trocar esse dinheiro

Dentro de você existe uma fonte inesgotável de poder, basta você saber contactá-la. Esse poder pode curá-lo e inspirá-lo, dizendo-lhe o que fazer e como fazê-lo. Pode tirá-lo do Egito e trazê-lo para a Terra Prometida, onde abundam o leite e o mel. Pode dar-lhe paz de espírito e, acima de tudo, um conhecimento direto de Deus.

Esse poder é a Oração Científica.

Não existe problema que a oração não possa vencer, e nem coisas boas que não possa trazer para a sua vida.

Essa é a mensagem de toda a Bíblia. Foi resumida por Jesus, quando disse: *O Reino de Deus está dentro de vós.* O homem custa a perceber isso, desperdiça a vida correndo atrás daquilo que é externo e ignorando a única coisa que conta. Ele é como um lavrador empobrecido, que possui uma mina de ouro debaixo de seus campos, mas desconhece isso. Ele escreve e telefona desesperadamente para o banco, pedindo crédito. Suplica a parentes e agiotas que o ajudem – e o tempo todo a mina de ouro jaz debaixo de seus campos, intocada e ignorada.

Tal verdade foi dramaticamente ilustrada por um incidente ocorrido na vida real, há vários anos. O corpo de um homem andrajoso foi descoberto junto a um forno de cal, para onde, evidentemente, havia se arrastado em busca de calor. Depois da necrópsia, suas roupas foram rasgadas para serem colocadas no incinerador e, costurada ao forro das calças descobriu-se uma cédula de grande valor. Sem dúvida, o dono original do terno costurara-a ali como medida de segurança e, sabe-se lá por que, a vestimenta havia se extraviado.

Vejam bem a situação! Esse pobre homem sentara-se muitas vezes para tomar um café requentado e comer um pedaço de pão dormido ou bolo seco, provavelmente feliz por ter ao menos isso, e o tempo todo estava sentado em cima de mil dólares, sem o saber! Se ele se desse conta da fortuna que possuía, teria dormido sob um teto naquela noite fatal, em vez de no campo aberto – e, desse modo, teria preservado a sua vida. Talvez, com o dinheiro, tivesse começado uma vida nova, e se saído bem.

A maioria das pessoas é como esse homem, de uma forma ou de outra, porque sente que falta alguma coisa na sua vida. Elas podem ter muito dinheiro e, no entanto, ser negligentes no tocante à saúde, à felicidade ou à experiência espiritual.

As riquezas não se transformam em fortuna até serem convertidas em dinheiro. Um talento está morto até ser explorado. Vá trocar a sua cédula no Banco do Céu e faça com que o dinheiro seja produtivo na sua vida.

Olhai, *agora* é a hora aprovada; olhai, *agora* é o dia da salvação.

# De leão a burro

O grande *inimigo* da raça humana *é o medo.* Quanto menos medo você tiver, mais saúde e harmonia terá. Quanto mais medo tiver, mais problemas surgirão na sua vida. O único problema real da humanidade é livrar-se do medo. Quando você realmente não teme uma situação, ela não pode lhe fazer mal. Você não pode esquecer que o medo muitas vezes existe no seu subconsciente, sem que você necessariamente se dê conta dele. A melhor prova de que você se livrou do medo, com relação a um determinado assunto, é a sensação de alegria e felicidade, em se tratando dele.

O que é preciso lembrar é que o medo é um impostor. Pague para ver e ele desaba.

Um incidente divertido aconteceu na Holanda, há vários anos. Um leão fugiu de um circo itinerante. Não muito longe dali uma dona de casa costurava ao pé da janela aberta da sala. O animal pulou pela janela, repentinamente, passou por ela como um foguete, correu para o corredor e foi se refugiar no armário que ficava embaixo da escada. A mulher, atônita, imaginou que ele fosse um burro e, indignada com as pegadas enlameadas que deixara no seu chão limpo, perseguiu-o até o armário escuro, por entre as vassouras e panelas, e começou a surrá-lo com uma vassoura, impiedosamente. O animal tremia de terror, e a mulher, irada, redobrava a força de seus golpes.

Logo chegaram quatro homens com redes e armas e recapturaram o animal. O leão, apavorado, entregou-se pacificamente, satisfeitíssimo por escapar daquela mulher maldosa.

Quando a dona de casa descobriu que havia surrado um leão, caiu desmaiada e passou vários dias doente.

Essa história ilustra perfeitamente o poder desmoralizador do medo. A nossa boa mulher dominou completamente o leão, enquanto pensava que ele era um burro; e enquanto tratava-o como um burro, o leão pensou que ela fosse poderosíssima e morreu de medo. Quando ela descobriu o seu engano, o velho medo próprio da raça voltou, e embora agora estivesse perfeitamente segura, ainda reagiu segundo a tradição da sua raça.

*Livre-se do medo.* Concentre nisso a sua artilharia, e as outras coisas se resolverão sozinhas.

O tratamento contra o medo é dar-se conta (tornar real para si mesmo) da Presença de Deus com você, e do Seu amor imutável.

*Aquele que teme não é perfeito no amor.* (I João 4:18)

# Relaxe!

Relaxe. Solte-se. Não fique tenso. Ficar tenso é a maneira mais certa de fracassar em qualquer tarefa, seja ela grande ou pequena.

Desejar o êxito é uma coisa esplêndida, mas correr atrás dele, cheio de tensão, é tornar certo que não vai alcançá-lo. Existe uma atitude mental que pode ser comparada a um punho fechado, uma testa franzida ou dentes cerrados; e esta atitude não pode trazer o êxito.

A atitude descuidada de enfoque, em qualquer empreendimento, é um atalho para o sucesso. Na música, nos esportes, nos estudos, na vida comercial, muitas pessoas fracassam, ou avançam muito lentamente, porque encaram a atividade como *um trabalho árduo*. Teriam um êxito que superaria as suas expectativas mais loucas se a encarassem como uma diversão.

Trate seu trabalho como diversão. Encare as dificuldades como parte do jogo, ignore os aborrecimentos com uma risada e todo o quadro se modificará para melhor, e continuará modificado. Esta, naturalmente, é a verdadeira diferença entre o trabalho e o lazer. Muitos homens dão mais duro jogando golfe do que fazendo outra coisa qualquer, só que não percebem, porque acham que é apenas um jogo.

Vá com calma. *Relaxe.*

# Capitalize a sua deficiência

O sucesso consiste em superar as dificuldades. Todos os homens e mulheres que tiveram qualquer tipo de sucesso fizeram-no superando dificuldades. Quando não há dificuldades a superar, qualquer um pode fazer o que tem que ser feito, e isso não pode ser chamado de sucesso.

Houve época em que instalar uma linha telegráfica de Nova York a Boston oferecia muitos obstáculos. Depois, veio uma época em que isso era fácil, mas instalar o cabo transatlântico era um grande feito, por causa das dificuldades que precisavam ser vencidas. Mais adiante, a instalação de cabos submarinos tornou-se rotina, mas a radiofonia de um lado para o outro do oceano apresentou problemas que, durante algum tempo, foram insuperáveis. Depois, também estas dificuldades foram vencidas.

Não há problemas pessoais que não possam ser vencidos pelo tratamento espiritual calmo, persistente, e pela atividade sensata apropriada.

Se você tem uma deficiência pessoal que parece impedi-lo de obter êxito, não a aceite como tal, mas *capitalize-a* e use-a como instrumento para o seu êxito.

H. G. Wells teve que abandonar um emprego tedioso e mal pago por causa de problemas de saúde, então ficou em casa e escreveu livros bem-sucedidos e se tornou um escritor mundialmente conhecido. Edison era completamente surdo e decidiu que isso lhe permitiria um maior poder de concentração nas suas invenções. Beethoven não deixou que a surdez atrapalhasse seu trabalho. Theodore Roosevelt foi uma criança doentia a quem disseram que precisaria levar uma vida de cuidados e recolhimento. Era um garotinho muito míope e nervoso. Em vez de aceitar tais sugestões, contudo, ele se esforçou muito para desenvolver o físico e se tornou, como sabemos, um homem forte e vigoroso, amante da vida ao ar livre e da caça. Gilbert escreveu *Pinafore*, em seu leito, doente e cheio de dores violentas.

A dona de uma elegante confecção em Londres era casada com um simples empregado de escritório, que contraiu tuberculose. Ela nunca havia trabalhado fora do lar, não tinha nenhuma qualificação especial e de repente se viu obrigada a sustentar marido e dois filhos. Começou contando apenas com seu bom gosto e fé na oração, hoje em dia é uma mulher rica e bem-sucedida. Diz ela: "Achei que devia vender o tipo de roupas que nunca tive dinheiro para comprar."

Seja qual for a deficiência que você acha ter – *capitalize-a*. O seu problema sempre lhe parecerá ser especialmente difícil, mas o tratamento espiritual e a determinação corajosa podem superar qualquer coisa.

Os problemas são postes indicadores na estrada que leva a Deus.

## Kreisler estava bem!

O que experimentamos é o nosso próprio conceito das coisas. É por isso que não há duas pessoas que vejam exatamente o mesmo mundo e também por isso, em muitos casos, pessoas diferentes veem mundos diferentes. Para dizer de outra forma, construímos nosso próprio mundo através da maneira como pensamos, pois realmente vivemos no mundo dos nossos próprios pensamentos. Decorre daí que, se nosso pensamento é falho, nossas condições também serão falhas até que nosso pensamento seja corrigido; é inútil tentarmos melhorar circunstâncias externas se não modificamos a nossa mentalidade.

Tomemos, por exemplo, a suposição de que um surdo vai ao Carnegie Hall assistir a um recital de Kreisler, e que além de surdo também é um tolo. Senta-se no meio da plateia e, naturalmente, não ouve coisa alguma. Fica irritado e troca o seu ingresso por outro no primeiro balcão. Ali, é claro, continua a não ouvir, e pensando tolamente que a acústica do prédio é defeituosa, muda de lugar de novo, indo para a torrinha. Ainda assim, não ouve coisa alguma. Volta para a plateia e, desta vez, escolhe uma poltrona bem em frente à orquestra, a poucos metros do violinista. Como era de se esperar, não tem mais sorte neste lugar e, furioso, sai do teatro declarando que, evidentemente, Kreisler não sabe tocar e que o teatro não foi projetado para concertos.

É fácil para nós vermos que o problema está é dentro dele, e que não vai resolver nada trocar de lugar. *A única solução para ele é vencer a sua surdez*, de alguma forma, e depois poderá apreciar o concerto. Ele precisará se modificar.

Essa parábola se aplica literalmente a todos os problemas da vida. Vemos a desarmonia por causa de uma insuficiência espiritual interna. À medida que adquirimos uma maior compreensão espiritual, a verdadeira Natureza da Existência se revela. Enquanto ficarmos mudando de um lugar para o outro em busca de harmonia, ou tentarmos fazer com que ela surja, modificando coisas externas, seremos como o tolo que não podia ouvir Kreisler e ficava correndo no teatro de um lado para o outro.

# As três dádivas

Nas velhas histórias da carochinha costumavam nos contar que quando nascia um principezinho as fadas vinham ao batizado trazendo-lhe dádivas. Sentimo-nos tentados a perguntar que dádivas escolheríamos para nós, se tivéssemos voz ativa no assunto. Em outras palavras, quais seriam, digamos, as três melhores dádivas para um recém-nascido?

Sugiro as três seguintes: *uma boa constituição física, bom gênio e bom senso.* Acho que uma criança com tais qualidades encontraria muito poucas dificuldades na vida.

Ponho a boa constituição em primeiro lugar porque a saúde é a maior de todas as bênçãos que um ser humano pode receber. Sem uma boa saúde, nada mais conta muito e, é claro, todos estão cientes disso.

Por outro lado, as pessoas nem sempre se dão conta da diferença que o bom gênio faz para o funcionamento macio das engrenagens do dia a dia. Não percebem que, tendo-se um temperamento bom, se fazem amigos em toda a parte, sem nenhum esforço especial para isso. Quem tem bom gênio é poupado de críticas, ressentimentos, condenações, inveja e todas as outras coisas negativas que estragam a vida das pessoas.

Finalmente, chego ao bom senso, ao senso prático. Acredito que este seja mais importante do que a posse de qualquer tipo de mera capacidade ou até mesmo grande talento. Ser prático será de mais utilidade para tirar um menino ou menina de qualquer dificuldade do que todas as instruções que eles tenham recebido. Todos conhecemos homens e mulheres brilhantes que, aparentemente, tinham tudo para ter êxito na vida, mas que, devido à falta de bom senso, fracassaram redondamente.

Bem, imaginemos que você ache que não recebeu uma ou quaisquer dessas dádivas. O que pode fazer? Ora, a doutrina de Jesus Cristo nos diz que nada de bom que peçamos pela oração nos é negado. Se você quer qualquer das dádivas acima para si mesmo, ore por ela todos os dias, reivindicando-a; e faça com que se transforme em parte do seu caráter, agindo como se a tivesse, em todas as circunstâncias que apareçam.

*Quando orardes, credes que tendes recebido, e recebereis.* (Marcos 11:24)

## O rabo abana o cachorro

O homem controla a própria vida. A Bíblia diz que Deus lhe deu "o domínio sobre todas as coisas", e isso é verdadeiro quando ele compreende a Verdade; e a Verdade é que as suas condições externas – o seu meio ambiente – são a expressão da sua mentalidade, e nada mais. Não são a causa; são o efeito. Não vêm primeiro, vêm a seguir. Você pode modificar seus pensamentos e sentimentos, e depois as circunstâncias externas se modificarão para corresponder a isso, e realmente não há outro meio de agir. Você não está feliz porque está bem. Você está bem porque está feliz. Você não tem fé porque as coisas estão indo bem. Elas estão indo bem porque você tem fé. Você não está deprimido porque surgiram problemas, mas os problemas surgiram porque, primeiro, a sua percepção da Verdade o abandonou.

O segredo da vida, então, é controlar seus estados mentais, pois, se você fizer isso, o resto virá como decorrência. Aceitar a doença, os problemas e o fracasso como inevitáveis e, talvez, inelutáveis é uma loucura, porque é esta mesma aceitação da sua parte que mantém esses males em existência. *O homem não é limitado pelo meio.* Ele cria o seu meio através de suas crenças e sentimentos. Imaginar o contrário é como pensar que o rabo pode abanar o cachorro.

Se você tem pensado que as condições externas são mais fortes do que você e que podem impedi-lo de expressar-se segundo a intenção de Deus, diga para si mesmo "*o rabo abana o cachorro*" e inverta imediatamente a ideia.

Deus quer que você seja saudável, feliz e livre, e você não deve aceitar menos que isso. Assevere que Deus trabalha através de você – e creia nisso – e nada poderá contê-lo. *Quem vos impediu que não obedecestes à Verdade?*

# Você é dinâmico?

O que é uma pessoa dinâmica? Muitas pessoas pensam que gostariam de ser o que se chama de dinâmica, mas parece que não têm uma ideia muito nítida do que a expressão realmente significa. Às vezes acham que é ter um jeito um tanto agressivo e espalhafatoso, até bombástico. Em outros casos, parecem pensar que seja chamar a atenção sobre si de algum modo mais discreto, porém igualmente eficaz. Na realidade, nada poderia estar mais longe da verdade.

Uma pessoa dinâmica é uma pessoa que realmente faz alguma diferença no mundo, que faz algo que de fato modifica as coisas ou as pessoas. A magnitude do serviço feito pode não ser muito grande, mas o fato de que o mundo é um pouco diferente porque essa pessoa viveu e trabalhou ainda permanece. Essa é uma pessoa dinâmica.

Gente dinâmica, como São Paulo, Washington ou Napoleão, muda a vida e o destino de milhões de pessoas, e sua obra é conhecida por todos. Mas existem muitos homens e mulheres por todo o mundo cujas obras são pouco ou nada conhecidas e que, na sua própria escala, são dinâmicas, porque fizeram alguma modificação no mundo, por menor que ela seja.

Se você realizar alguma coisa, não importa sua magnitude, você é dinâmico, e o mundo é diferente porque você viveu nele. Se você apenas finge fazer coisas, ou fica falando nelas, ou cria uma "fachada", você não é dinâmico; está representando. Não passa de uma casca vazia, e isso ninguém quer ser.

# Uma pessoa dinâmica

Quem faz algo de uma maneira nova, que também seja uma maneira melhor, é dinâmico. Quem faz dois grãos de trigo nascerem onde antes só nascia um é dinâmico. Quem funda uma empresa bem-sucedida que serve ao público e dá emprego aos outros é dinâmico. Quem cria uma invenção útil é dinâmico. Quem compõe boa música, escreve belos poemas, ou cria lindos quadros e estátuas é dinâmico.

Quem realmente cura é dinâmico. Quem ensina eficazmente é dinâmico.

Todas essas pessoas deixam o mundo ao menos um pouco diferente do que era quando aqui chegaram. Washington mudou o curso da História, e você pode mudar a vida de uma pessoa curando-a ou ensinando-lhe alguma coisa, ou simplesmente inspirando-a com o seu exemplo. Mas o principal é que algo mudou para melhor no quadro externo.

Existem pessoas tolas que se satisfazem ao serem *consideradas* dinâmicas. Satisfazem-se com o fingimento. Satisfazem-se com gastar as suas energias em aparências. Tomam ares importantes e falam empolada e vagamente sobre as coisas maravilhosas que estão fazendo ou fizeram numa época e local remotos. São peritas em dar nomes grandes a coisas pequenas e, naturalmente, tudo isso é uma forma rebuscada de blefe, que é o oposto de ser dinâmico.

O verdadeiro segredo de uma personalidade dinâmica é *acreditar que Deus trabalha através de você*, faça você o que estiver fazendo; colocar o serviço d'Ele em primeiro lugar, e ser o mais sincero, prático e eficiente que puder. Se colocar esse método em prática, mesmo que por pouco tempo, ficará surpreso com os resultados admiráveis que obterá, e verá que está se tornando uma pessoa realmente dinâmica.

Servir de verdade é estar verdadeiramente vivo.

*Por seus frutos vós os conhecereis.* (Mateus 7:20)

## Você está se enganando?

A doutrina de Jesus Cristo é um evangelho dinâmico. Ela realmente modifica as coisas. Faz a história da vida do indivíduo ser totalmente diferente do que teria sido sem ela – e, naturalmente, o teste é esse. Aqueles que não compreendem a nossa doutrina às vezes nos dizem que estamos nos enganando, que fingimos estar sãos quando estamos doentes e achar que as coisas vão bem quando, na verdade, estão erradas. Pensam que bancamos a Pollyanna e que tentamos hipnotizar-nos chamando o preto de branco.

Naturalmente, isso não é verdade. Quem quer que aja dessa maneira não está seguindo a doutrina de Jesus Cristo. Nós acreditamos que, desviando-nos da imagem negativa para a Verdade positiva, e nos apegando conscientemente a essa Verdade, curamos a imagem. E o caso é esse, o teste é esse.

Eis o *teste*. Se a imagem, o quadro externo se modifica, você está agindo corretamente. Não está se enganando ou apenas se entregando a uma dissipação emocional. Se o quadro externo não se modifica num período de tempo razoável, você está se enganando. Não está agindo corretamente e deve rever o seu método. A mudança externa pode estar incompleta, ou ser ainda comparativamente pequena, porém, enquanto *o quadro externo estiver mudando*, você não está se enganando; está obtendo resultados.

*Não existem demonstrações invisíveis.* Você demonstra a sua mentalidade o tempo todo, no mundo externo das aparências. Desculpas, prevaricações, qualquer tipo de autoilusão é inútil quando sabemos que o quadro externo fala por si e que não há como fugir disso.

Graças a Deus por essa Verdade maravilhosa, pois ela lhe dá um método infalível de superar a limitação e o erro.

*Por seus frutos vós os conhecereis.* (Mateus 7:20)

# Presciência e percepção tardia

Quando você precisa tomar uma decisão ou uma atitude, só o que pode fazer é realizar o melhor possível *naquela hora*, e ao agir assim terá cumprido o seu dever. À luz dos acontecimentos posteriores poderá ser constatado que você cometeu um erro, mas isso não será culpa sua, porque não podia ter feito mais do que o seu melhor *naquela hora.* O homem mais sábio que já existiu não poderia fazer mais que isso.

Por tal motivo, é uma tolice ficar remoendo erros antigos que foram cometidos com a melhor das intenções. Qualquer idiota pode ter percepção *a posteriori*; a presciência sensata é que é o difícil.

Faça o que lhe parecer melhor na hora, levando em consideração todas as circunstâncias, como você as conhece, e depois não se arrependa.

Os estudantes de metafísica, naturalmente, sempre oram pedindo orientação antes de tomar uma decisão crítica. Assevere que Cristo o está guiando, e *creia nisso*; o resultado final será favorável, mesmo que as coisas pareçam estar dando errado durante algum tempo... desde que você realmente acredite no que assevera.

# Um sorriso é um investimento

Muitas pessoas sentem intuitivamente que as coisas mais simples da vida são as mais importantes, ou, se você preferir, que as coisas mais importantes da vida acabam sendo as mais simples. Esta é uma descoberta muito profunda. O que é mais importante para nós do que respirar, por exemplo? No entanto, nem pensamos nisso – o ar puro não custa um tostão –, mas se somos privados de ar, morremos em poucos minutos.

Outra coisa simples, porém de grande peso, é o *sorriso*. Um sorriso nada custa, em dinheiro, tempo ou esforço, mas é literalmente verdadeiro que pode ser de suprema importância na vida de uma pessoa. O sorriso afeta o seu corpo inteiro, desde a pele até o esqueleto, inclusive todos os vasos sanguíneos, nervos e músculos. Afeta o funcionamento de todos os órgãos. Influi em todas as glândulas. Repito – e isso é literalmente verdadeiro – que você não pode sorrir sem afetar favoravelmente o seu corpo inteiro. Até mesmo um sorriso, com frequência, relaxa muitos músculos, e quando sorrir se torna um hábito, é fácil ver como esse efeito se acumulará. *Os sorrisos do ano passado estão lhe rendendo dividendos hoje.*

O efeito de um sorriso nas outras pessoas não é menos notável. Desarma a desconfiança, dissolve o medo e a raiva, e traz à luz o melhor da outra pessoa – e esse melhor ela imediatamente passa a lhe dar.

Um sorriso é para os contatos pessoais o que o óleo é para a maquinaria, e nenhum mecânico inteligente negligencia a lubrificação.

# As grandes leis da mente

## 1. A Lei da Substituição

Existem algumas grandes leis que governam todo o pensamento, assim como existem algumas leis fundamentais em química, em física, em mecânica, por exemplo.

Sabemos que o controle do pensamento é a Chave do Destino, e que para aprender a controlar o pensamento é necessário conhecer e compreender essas leis, assim como o químico tem que compreender as leis da química e o eletricista as leis da eletricidade.

Uma das grandes leis da mente é a Lei da *Substituição.* Isso quer dizer que o único meio de se livrar de um determinado pensamento é substituí-lo por outro. Você não pode pôr um pensamento de lado diretamente. Só pode fazer isso substituindo-o por outro. No plano físico não é assim. Você pode largar um livro ou uma pedra simplesmente abrindo a mão e deixando-os cair, mas isso não funciona com o pensamento. Se quiser pôr um pensamento negativo de lado, a única maneira de fazê-lo é pensar em algo construtivo e positivo. É como se, por exemplo, para largar um lápis fosse necessário pôr na mão uma caneta ou um livro, na hora em que o lápis caísse.

Se eu lhe disser: "Não pense na Estátua da Liberdade", é claro que você imediatamente pensará nela. Se você disser: "Não vou pensar na Estátua da Liberdade", já está pensando nela. Mas digamos que, depois de ter pensado nela, você se interesse por outra coisa que ouviu no rádio e se esqueça da Estátua da Liberdade – isso é um caso de substituição.

Quando os pensamentos negativos vierem à sua mente, não lute contra eles, mas pense em alguma coisa positiva, de preferência em Deus. Mas se isso for difícil no momento, pense em qualquer ideia positiva ou construtiva, e o pensamento negativo se desvanecerá.

Acontece, às vezes, que os pensamentos negativos parecem dominá-lo de tal jeito que você não consegue vencê-los. É a isso que damos o nome de crise de depressão, ou crise de angústia, ou quem sabe crise de raiva. Num caso desses, o melhor a fazer é procurar alguém com quem conversar sobre qualquer assunto, ir ao cinema ou ao teatro, ler um livro interessante, digamos, um bom romance, uma biografia, um livro de viagens, ou coisa parecida. Se você se sentar para lutar contra a maré negativa, o mais provável é que a aumente.

Volte a atenção para algo bem diferente, recusando-se firmemente a pensar na dificuldade e a fixar-se nela, e, mais tarde, depois de ter-se afastado completamente dela, poderá voltar com confiança e contatá-la por meio do tratamento espiritual.

*Eu vos digo que não resistais ao mal.* (Mateus 5:39)

## 2. A Lei do Relaxamento

Outra grande lei da mente é a Lei do Relaxamento. Em toda a atividade mental *o esforço derrota a si mesmo.* Quanto mais esforço você faz, menor é seu resultado. Isso, naturalmente, é o oposto do que encontramos no plano físico, o que não nos surpreende, pois sabemos que, em muitos casos, as leis da mente são o inverso das leis da matéria.

No plano físico, em geral, quanto mais esforço fazemos, maior o resultado. Quanto mais você pressiona uma furadeira, mais depressa ela atravessará a madeira. Quanto mais força você aplica ao martelo, mais depressa o prego entrará na parede. Quanto mais vigorosamente cava a terra, mais rapidamente terá a vala. Contudo, o exato oposto ocorre com o pensamento.

Qualquer tentativa de pressão mental está destinada ao fracasso, porque tão logo começa a tensão, a mente para de funcionar criativamente e simplesmente se atém ao velho padrão do hábito, seja ele qual for. Quando você tenta forçar as coisas mentalmente, quando tenta se apressar mentalmente, simplesmente interrompe o seu poder criativo. Para permitir que a sua mente volte a ser criativa, deve retirar-lhe a tensão por meio de um relaxamento consciente.

Em toda a atividade mental seja relaxado, sereno e descansado, pois *o esforço derrota a si mesmo.*

*Na serenidade e na confiança residirá a sua força.* (Isaías 30:15)

## 3. A Lei da Atividade Subconsciente

Tão logo o subconsciente *aceita* uma ideia qualquer, começa imediatamente a tentar executá-la. Usa todos os seus recursos (que são bem maiores do que normalmente se supõe) para tal finalidade. Usa cada partícula de conhecimento que você acumulou, e a maioria do qual já esqueceu totalmente, para conseguir seu intento. Mobiliza os muitos poderes mentais que você possui, e a maioria dos quais jamais utiliza conscientemente. Recorre à ilimitada energia mental da raça. Alinha todas as leis da natureza que funcionam tanto do seu lado interno quanto do externo, para conseguir o que quer.

Às vezes consegue o seu intento imediatamente; outras vezes demora um pouco; às vezes demora muito, dependendo das dificuldades a superar. Mas se a coisa não é totalmente impossível, o subconsciente fará com que aconteça – *desde que aceite a ideia.*

Essa lei se aplica tanto às ideias boas quanto às más. Essa lei, quando empregada negativamente, traz doenças, problemas e fracassos. Quando empregada positivamente, traz cura, liberdade e êxito. Os ensinamentos da Bíblia não dizem que a harmonia é inevitável, não importa o que façamos – isso é mentalidade de Pollyanna –; dizem que a harmonia é inevitável quando nossos pensamentos são positivos, construtivos e bondosos.

Disso decorre que a única coisa a fazer é conseguirmos que o subconsciente aceite a ideia que desejamos reproduzir; as leis da natureza farão o resto, nos darão o corpo sadio, as circunstâncias harmoniosas, a carreira bem-sucedida. Nós damos as ordens, o subconsciente faz o serviço.

## 4. A Lei da Prática

A prática traz a perfeição. Esse provérbio familiar expressa uma das grandes leis da natureza humana e – sendo lei – não é infringida em circunstância alguma.

Para se tornar proficiente em qualquer campo, é preciso praticar. A consecução sem a prática simplesmente não existe e quanto mais prática, desde que exercida com inteligência, maior será a proficiência, e mais rapidamente obtida. Isso é verdade no estudo da música, no estudo de um idioma estrangeiro, no aprendizado da natação, da patinação, do esqui ou da pilotagem. É verdade em todos os ramos imagináveis do empreendimento humano. *A prática é o preço da proficiência.*

Na vida comercial e em qualquer tipo de gerência ou administração, a *experiência* é a forma que a prática assume, e novamente aqui é a prática que traz a perfeição. É esse o motivo pelo qual, em igualdade de condições, uma pessoa mais velha em geral é escolhida para posições de responsabilidade, em detrimento de uma mais jovem.

Na metafísica, os efeitos dessa lei são particularmente impressionantes. O controle do pensamento é inteiramente uma questão de prática inteligente. E a verdadeira religião bem pode ser resumida como a Prática da Presença de Deus. Porém, reparem que me referi à *prática inteligente*. O forçar violento não é uma prática inteligente, como tampouco o é o mourejar monótono.

A prática é o segredo da consecução. Podemos parafrasear Danton e dizer prática!... e mais prática!!... e ainda mais prática!!!

*Sede os agentes da palavra, e não apenas os ouvintes.* (Tiago 1:22)

## 5. A Lei dos Dois Fatores

Cada pensamento é feito de dois fatores: conhecimento e sentimento. Um pensamento consiste em uma porção de conhecimento com uma carga de sentimento, e é o sentimento que dá potência ao pensamento. Não importa o quanto possa ser importante ou majestoso o conteúdo de conhecimento; se não existir sentimento ligado a ele, nada acontecerá. Por outro lado, não importa o quanto possa ser insignificante ou sem importância o conteúdo de conhecimento; se houver uma grande carga de sentimento, algo acontecerá.

Essa lei universal é simbolizada na natureza pelo pássaro. Um pássaro tem duas asas, nem mais nem menos, e ambas têm que estar funcionando para que ele voe.

Não faz diferença se o conteúdo de conhecimento é ou não correto, contanto que você *acredite* que é correto. Lembre-se de que é aquilo em que realmente acreditamos que importa. Um relatório sobre um acontecimento qualquer pode ser bastante inverídico, mas se você acredita nele, tem sobre você o mesmo efeito que teria se fosse verídico. E, novamente, esse efeito dependerá da dose de sentimento ligado a ele.

Ao entendermos essa Lei, vemos a importância de aceitar apenas a Verdade no tocante à vida, em todas as fases da nossa experiência. Na realidade, é por esse motivo que Jesus falou: "Conhecei a Verdade e a Verdade vos libertará." Agora percebemos por que os sentimentos negativos (medo, crítica etc.) são tão negativos, e um sentimento de paz e boa vontade é um poder tão forte para a cura.

## 6. As Coisas Que Você Remói Crescem

As coisas que você remói crescem. Essa é uma máxima oriental e resume muito bem a maior e mais fundamental de todas as Leis da Mente. As coisas que você remói crescem.

*As coisas que você remói crescem.* O que quer que você permita que ocupe a sua mente, você aumenta na sua própria vida. Quer o tema de seu pensamento seja bom ou mau, a lei funciona e a coisa em si aumenta. Qualquer tema que não ocupe a sua mente tende a diminuir na sua vida, porque aquilo que não se usa se atrofia.

Quanto mais você pensa na sua indigestão ou no seu reumatismo, pior ele fica. Quanto mais pensa em si mesmo como sadio e em forma, melhor fica o seu corpo.

Quanto mais pensa em dificuldades, crise etc., pior ficam os seus negócios; e, quanto mais pensa em prosperidade, abundância e sucesso, mais coisas desse tipo atrai para a sua vida.

Quanto mais pensa nos seus aborrecimentos ou nas injustiças que sofreu, mais provações desse tipo continua a receber; e quanto mais pensa na sorte que já teve, mais sorte baterá à sua porta.

Essa é a Lei da Mente básica, fundamental, que tudo inclui; na verdade, toda doutrina psicológica e metafísica é pouco mais do que um tratado expositivo sobre isso.

*As coisas que você remói crescem.* (Epístola de São Paulo aos Filipenses 4:8)

## 7. A Lei do Perdão

É uma lei mental infrangível a que diz que você tem que perdoar os outros se quiser vencer as suas dificuldades e ter um progresso espiritual real.

A importância vital do perdão pode não saltar aos olhos, mas você pode ter certeza de que não é por acaso que todos os grandes mestres espirituais, desde Jesus Cristo até hoje, têm insistido nele com tanta veemência.

É preciso perdoar as ofensas, não apenas em palavras ou só para constar, porém sinceramente, de coração – e isso resume tudo. Você age assim não pela outra pessoa, mas por si próprio. Não fará diferença para ela (a não ser que dê grande apreço ao seu perdão), mas fará uma diferença tremenda para você. Ressentimento, condenação, raiva, desejo de ver alguém punido, são coisas que apodrecem a alma, mesmo que você as esteja disfarçando com habilidade. Tais coisas, porque têm um conteúdo emocional muito mais forte do que se possa desconfiar, prendem as dificuldades à sua pessoa com rebites. Agrilhoam você a muitos outros problemas que, na verdade, não têm absolutamente nada a ver com os aborrecimentos originais, em si.

O perdão não significa que você tem que gostar do delinquente ou querer conhecê-lo, mas sim que tem que desejar o seu bem. É claro que isso não quer dizer que você tenha que servir de "capacho". É claro que não deve deixar que abusem de você ou que o tratem mal. Deve travar as suas próprias batalhas, e com oração, justiça e boa vontade. Não importa se você pode ou não esquecer a ofensa (embora, se não fixar-se nela, é provável que a esqueça) – mas *tem que perdoar.*

Agora, reexamine o Pai-Nosso.

# Você tem um Deus de bolso?

A Bíblia nos ensina que "Deus é Espírito, e aqueles que O adoram devem adorá-Lo em espírito e verdade". (João 4:24) Isso significa, naturalmente, que Deus é perfeição e que não é parcial aos ricos e poderosos. Deus não tem preferência por uma pessoa, em detrimento de outra, nem ajuda uma pessoa prejudicando outra. Deus pode sempre dar-nos tudo de que precisamos sem ter que tirar de outrem. Na verdade, o desejo de possuir algo que, de direito, pertence a outrem é um pecado sério, condenado num dos mandamentos: "Não cobiçareis as coisas alheias." Se você vir alguém de posse de alguma coisa que você gostaria de ter, alegre-se porque ele a possui. Pense assim: "Estou em contato com a fonte daquilo, e Deus me pode dar algo igual ou melhor."

Pessoas imprudentes tentam, muitas vezes, "utilizar-se" de Deus sem se dar conta do absurdo de tal ideia. Tentam fazer com que a sua religião faça o que elas querem. Tentam usar a Lei Espiritual para a própria conveniência, em vez de se adaptarem às Leis da Existência. Fingem que Deus quer o que elas querem, e que Ele quer as coisas feitas do jeito que elas preferem. Com muita frequência, é claro, fingem que Deus quer que as outras pessoas façam coisas que lhes agradam. Tais pessoas não estão adorando o Deus verdadeiro. *Só o que elas têm é um deus de bolso*, treinado para atender os seus desejos. E um ídolo pagão como esse não pode trazer senão sofrimento e infelicidade.

Adorar o Deus verdadeiro e afinar nossas vidas com Ele é o único caminho para a liberdade, a saúde e a harmonia.

## O que é a natureza?

O que é a natureza? O que chamamos de natureza é uma pequena parte do universo de Deus que podemos ver no presente, e cuja a maior parte vemos impropriamente. Todas as coisas maravilhosas que acontecem nas matas, todos os acontecimentos fantásticos que ocorrem nas profundezas do oceano, toda a história sublime dos céus, todos são partes da autoexpressão de Deus. Acima de tudo, os nossos próprios corpos são parte da natureza, talvez a mais maravilhosa de todas e, provavelmente, aquela sobre a qual menos sabemos. Com o passar do tempo, a humanidade aprende mais e mais sobre a natureza, pois é a esse conhecimento que damos o nome de ciência.

É irônico que, enquanto o homem a cada dia aprende mais sobre a natureza, enquanto compreende a composição de estrelas distantes e de átomos minúsculos, enquanto é capaz de irrigar um deserto e aproveitar a força das cataratas, ainda é incapaz de fazer o que há de mais simples para si mesmo – as coisas que realmente importam. Na maioria dos casos, é incapaz de lidar com o medo, superar a dor, vencer algumas das moléstias mais comuns, livrar-se da raiva e da depressão ou até mesmo utilizar eficazmente seus próprios poderes mentais.

Tudo isso é porque o homem tem procurado o domínio externamente, em vez de internamente, e buscado a causa naquilo que, na verdade, é efeito.

O domínio você encontrará dentro da sua própria mente. Estabeleça ali a paz. Cultive a compreensão de Deus pela procura diária da Sua presença e verá que as coisas externas se resolverão por si.

*Buscai primeiro o reino de Deus e a Sua justiça; e todas essas coisas vos serão acrescentadas.* (Mateus 6:33)

# O comandante está no leme

O mundo não está se acabando. A raça humana não está perdida. A civilização não vai chegar ao fim. *O comandante está no leme.* A humanidade está passando por uma época difícil, mas ela já passou muitas vezes por épocas difíceis na sua longa história, e sempre sobreviveu, fortalecida e purificada.

Não se preocupe com o colapso do universo. Ele não vai entrar em colapso e, além do mais, isso não compete a você. *O comandante está no leme.* Se a sobrevivência da humanidade dependesse de você ou de mim, a perspectiva seria bem fraca para o Grande Empreendimento, não é?

Quando você viajou para a Europa num daqueles grandes transatlânticos, nunca se preocupou com o seu destino – porque depositava toda a confiança no comandante. Sabia bem que a Cunard ou a French Line não arriscariam o seu navio nas mãos de um incompetente. Quando acordava à noite com o balanço do navio, não subia afobado à ponte para dizer ao comandante que tomasse muito cuidado, ou para ver o que ele estava fazendo, ou para perguntar-lhe se sabia o caminho. Você continuava no seu camarote e pegava de novo no sono – porque sabia que o comandante estava na ponte.

*O comandante está no leme.* Deus ainda está em atividade. Só o que você tem a fazer é perceber a Presença de Deus onde parece existir o problema, cumprir o seu dever da melhor maneira possível e se conservar tranquilo até que passe a tempestade.

*Grande paz têm os que amam a Vossa lei; e nada os ofenderá.* (Salmo 119:165)

# A maré sobe e desce

O nosso desenvolvimento espiritual não é feito numa linha reta e contínua. A natureza humana não funciona assim. Ninguém ascende numa trilha de progresso ininterrupto até atingir a perfeição. O que acontece é que – se estivermos agindo corretamente – realmente ascendemos, mas com uma série de "recuos", além de "avanços". Avançamos firmemente por algum tempo, depois sofremos um pequeno retrocesso. A seguir, adiantamo-nos novamente, logo encontramos outro revés de um tipo ou de outro, e assim por diante.

Esses retrocessos não são importantes, contanto que o movimento geral de nossas vidas seja ascendente. Se a cada ano nos encontramos com um progresso definido na nossa percepção, os reveses temporários que sofremos não têm importância, e, se ficarmos nos preocupando em demasia com eles, podem se tornar um grande estorvo.

*A maré sobe e desce.* Todo mundo sabe como isso é feito. A primeira onda vem e parece que nunca vai parar até chegar ao nível máximo das águas... mas para, na verdade retrocede, e, se não soubéssemos de nada, poderíamos até pensar que a coisa acabara ali mesmo. Mas não acaba. A maré recua um pouco, porém não até a marca antiga, depois volta, dessa vez subindo ainda mais alto, e assim por diante. Essa modalidade de progressão parece ser geral, por toda a natureza – um avanço, um pequeno recuo, depois um avanço maior, seguido por outro recuo pequeno e um avanço ainda maior, repetidos continuamente.

Não preste atenção a cada única onda, e sim à maré, e tudo ficará bem.

*A alegria do Senhor é a sua força.* (Neemias 8:10)

# Centopeia teórica

Evite dissecar demais as coisas. Quando você acabou de dissecar uma coisa viva, já a matou e não tem mais aquilo com que começou. Tire uma rosa do vaso, arranque-lhe as pétalas, conte-as, pese-as, meça-as e, conquanto possa ter informações interessantes, não tem mais a rosa.

Existe um lugar para a análise, mas ela tende a ser bastante fatal na prece e na meditação. Não disseque o amor de Deus, sinta-o. Não disseque a Inteligência Divina, perceba-a. Ore mais com o coração e menos com a cabeça. Não fique se perguntando como poderá Deus resolver esse problema, mas fique vendo como Ele o faz, à Sua maneira... e Ele o fará, se você Lhe der uma chance.

As pessoas bem-sucedidas nas mais diversas posições agem muito por intuição, sem discutir ou dissecar. Quando o "grande homem" é entrevistado e o repórter lhe pergunta qual o segredo do seu êxito, ele raramente é capaz de dizer-lhe. Não sabe. Simplesmente faz as coisas que sente estarem certas.

Você sabe que Deus é amor. Sabe que Deus pode fazer qualquer coisa. Sabe que Ele o ajuda, quando você confia n'Ele. Portanto, conte com isso e não fique bancando o teórico.

Lembre-se do versinho que diz:

> Uma centopeia era bem feliz,
> Até que o sapo meteu o nariz:
> "Diga, que perna vem depois de que perna?"

Na sua cabeça fez-se tal baderna,
Que parou, abobalhada, a rever
Como é que iria correr.

Não seja uma centopeia teórica.

# Use o que tem

Muitas pessoas me dizem: "Quero progredir rapidamente. Quero mais compreensão." E quase sempre me pedem uma lista de livros para ler ou algum "curso adiantado" que possam frequentar.

Essa atitude é bastante errônea. Sugere que o progresso espiritual seja uma questão de atividade intelectual - do mero acrescentamento de conhecimento.

Isso é verdadeiro no estudo da matemática, da física ou da química, por exemplo, mas não o é no da metafísica.

O crescimento espiritual advém de se pôr em prática o conhecimento que já se possui. Em vez de ler mais um livro, leia de novo o seu livro favorito e *empregue-o mais cuidadosamente* do que nunca na vida prática.

Curar um dedo cortado ou resolver um problema comercial exclusivamente pelo tratamento irá ensinar-lhe mil vezes mais sobre coisas espirituais do que o estudo intelectual de uma biblioteca inteira.

A única coisa que você precisa *compreender* e *perceber* é que o mundo em que vive é um *conceito mental* e não uma realidade objetiva. Cada demonstração verdadeira que você obtém torna mais fácil perceber tal verdade, enquanto o estudo intelectual nada realiza nesse sentido.

A metafísica, como a música, é tanto uma ciência quanto uma arte. Na metafísica é absolutamente verdadeiro que *se aprende fazendo*. (Tiago 1:22)

# Como se sente?

Na realidade só existem dois sentimentos que o ser humano pode ter, a saber, *amor* e *medo.*

Em geral supõe-se que são muitos os tipos de sentimentos que podemos ter, mas isso é uma ilusão. Todos os outros ditos sentimentos, após analisados, revelar-se-ão ser ou *amor* ou *medo.*

E quanto à raiva? Bem, a raiva não passa do medo disfarçado. Na química, ocasionalmente encontramos a mesma substância surgindo com aparências completamente diferentes. Por exemplo, o grafite é exatamente a mesma substância, em termos químicos, que o diamante, a despeito da aparência tão diferente. Diz-se que são formas alotrópicas do carbono.

Do mesmo modo, a raiva, o ódio, a inveja, a crítica, o egoísmo, não passam de formas alotrópicas do medo.

Alegria, interesse, sensação de êxito e realização, apreciação da arte, são formas alotrópicas do amor.

A grande diferença entre os dois sentimentos é que *o amor é sempre criativo, e o medo sempre destrutivo.* A sensação de amor refaz o corpo, aumenta a vida, traz a inspiração, expande os negócios, abre caminho em mil direções, supera qualquer obstáculo.

O medo destrói o corpo, mata a inspiração, paralisa os negócios, lança por cima de tudo um inverno mortal.

Cabe a nós decidir qual desses dois sentimentos controlarão nossas vidas.

*Deus é amor; e aquele que vive no amor vive em Deus, e Deus nele.* (I João 4:16)

# O Amor Divino nunca falha

O Amor Divino nunca falha. O Amor Divino resolve todos os problemas. Afirmações desse tipo aparecem repetidas vezes nos livros metafísicos e, é claro, são perfeitamente verídicas. Mas nem sempre sentimos que autores ou leitores compreendem com clareza o que elas significam. O certo é que muitas pessoas acreditam nelas firmemente, e no entanto é evidente que foram incapazes de prová-las por demonstração. Por que será isto?

Acho que a explicação é que, consciente ou inconscientemente, as pessoas pensam no Amor Divino como um tipo de poder externo, que provavelmente fica no firmamento, como o céu ortodoxo. E ficam esperando que, se suplicarem o bastante, esse poder desça e venha salvá-las. Geralmente não admitiriam ter tal ideia, mas acredito que seja uma ideia dessas que vêm acolhendo.

Na realidade, não existe tal poder externo e, portanto, você não pode receber ajuda dessa maneira.

O único lugar em que o Amor Divino pode existir, no que lhe diz respeito, é no seu próprio coração. Qualquer amor que não esteja *no seu coração* não existe para você e, portanto, não pode afetá-lo de forma alguma, é claro.

O que você tem a fazer, então, é encher o seu coração com o Amor Divino, pensando nele, sentindo-o, expressando-o. E quando essa sensação de Amor Divino for vívida o bastante, ela irá curá-lo, resolverá seus problemas e permitirá que você cure também os outros. Esta é a Lei da Existência, e nenhum de nós pode mudá-la. Agora vemos por que a crítica, os resmungos, os ressentimentos guardados, o desejo de se vingar dos outros etc. são fatais para a demonstração: eles impedem o Amor Divino de nos curar. (Ver Epístola de São Paulo aos Coríntios 1, capítulo 13.)

# Pense nisso

UM CIENTISTA é quem pergunta "Como?"

UM FILÓSOFO é quem pergunta "Por quê?"

UM MÍSTICO é quem vê a vida com olhos internos.

UM MATERIALISTA é quem vê a vida com olhos externos.

UM POETA é quem domina a linguagem.

UM POLÍTICO é quem coloca o partido ou a carreira em primeiro lugar.

UM ESTADISTA é quem coloca o país em primeiro lugar.

UM PATRIOTA é qualquer um que coloque o interesse do país acima do seu próprio.

UM ARTISTA é quem faz da beleza uma religião.

UM HERÓI é quem faz o tipo de coisa que os outros se contentam em admirar.

UM CAVALHEIRO é quem nunca se aproveita de nada.

UM COVARDE é quem vê o superior e escolhe o inferior.

UM IDIOTA é quem pensa que a Grande Lei pode ser burlada.

UM LADRÃO é quem tenta obter qualquer coisa, em qualquer plano, a que não tenha feito jus.

UM JOGADOR é quem acha que pode ganhar algo que não lhe pertence por direito de consciência.

UM ADULTO é uma pessoa que aprendeu a controlar as suas emoções.

UMA PESSOA JOVEM é aquela que nunca fica entediada.

UMA PESSOA IDOSA é aquela que perdeu a capacidade de se admirar.

UM SANTO é quem ama a Deus mais do que ama qualquer outra coisa.

UM FARISEU é quem usa a Deus para se glorificar.

UM VERDADEIRO OTIMISTA é quem sabe que existe somente uma causa.

UM PESSIMISTA é, verdadeiramente, quem acredita em muitas causas.

UM CHARLATÃO é um médico de qualquer escola que trata os sintomas, em vez das causas.

UM EXCÊNTRICO é quem não vê as coisas como nós as vemos.

O SENSO DE HUMOR é apenas um senso agudo de proporção.

A CRÍTICA é apenas uma forma indireta de autoincentivo.

O ARREPENDIMENTO é o portal do céu.

O REMORSO é o orgulho espiritual ulcerado.

A RELIGIÃO é a procura de Deus por parte do indivíduo.

Se a FORÇA BRUTA fosse o que valesse, os leões nos meteriam em jaulas.

Se APENAS O TAMANHO importasse, os dinossauros ainda seriam os donos da terra.

PRESSÃO SANGUÍNEA ALTA significa pressão emocional alta – ansiedade demais.

PRESSÃO SANGUÍNEA BAIXA significa pressão emocional baixa – falta de interesse.

JUNTAS ENDURECIDAS provêm de uma mente endurecida.

O castigo do MENTIROSO é que ele não consegue acreditar em mais ninguém.

A maldição da IGNORÂNCIA é que a vítima nem desconfia da sua existência.

A malignidade da POBREZA é não ter nada para dar.

O perigo das RIQUEZAS é uma tendência real ao egoísmo.

A praga do SENSUALISTA é que os sentidos assassinaram o coração.

O HOMEM PERFEITO estará aqui quando a mulher perfeita estiver aqui para reclamá-lo.

O homem que dá importância demais aos seus ANTEPASSADOS é como um tubérculo – a sua melhor parte está debaixo da terra.

As pessoas que sempre chegam atrasadas à Igreja PODERÃO descobrir que também chegaram atrasadas ao céu.

O que damos às obras de Deus volta às nossas mãos multiplicado e abençoado. O que negamos às obras de Deus não pode nos fazer bem algum.

# Desafios

Um problema não é uma barreira. É um desafio. O aparecimento de um problema de qualquer tipo na sua vida significa que chegou a hora de dar um passo à frente; e esse passo será assinalado, naturalmente, pela resolução do problema.

O verdadeiro passo à frente é sempre um passo *mental.* O único progresso que fazemos é o progresso mental. Todas as coisas estarão prontas se as nossas mentes estiverem, e isso quer dizer que todo o progresso é uma modificação da mente. O universo está sempre pronto quando nós estamos.

O homem descobriu o fogo como resposta ao desafio da temperatura fria. Se o mundo todo tivesse um clima tropical, provavelmente não o teria descoberto.

O homem descobriu a música como resposta ao desejo de uma expressão emocional mais alta. Criou as ferramentas para superar os muitos problemas práticos da vida diária. O telefone, o automóvel e o avião são apenas respostas (parciais) aos problemas de espaço e tempo. A máquina impressora é a resposta a outro problema.

Na sua vida pessoal, um problema é um desafio. Não é uma barreira dizendo: "Você não passará." É um problema – e para cada problema há uma solução.

Ache a solução através da Oração Científica. O seu problema será solucionado e, mentalmente, você terá dado à frente um passo definido, que o acompanhará por toda a eternidade.

O caminho que leva a Deus está sempre aberto.

# Uma coisa de cada vez

O momento atual nunca é intolerável. É sempre o que virá daqui a cinco minutos, ou cinco dias, que desespera as pessoas.

O serviço atual nunca cansa as pessoas. É o trabalho que está à sua espera que as esgota. Se as pessoas refletissem que só se pode fazer uma coisa de cada vez e que, portanto, nunca existe mais de uma coisa para se fazer *de uma vez*, haveria menos fadiga no mundo. Na segunda-feira, só se pode fazer o trabalho de segunda. Para o de terça... bem, há a terça.

A fadiga sadia vem dos trabalhos físico e mental sadios e, em geral, uma noite de sono basta para nos livrarmos dela. A tensão nervosa é uma coisa totalmente distinta, e vem de se tentar fazer hoje o trabalho de amanhã, ou a tarefa das quatro da tarde às duas. Pior ainda, vem de trabalhar à meia-noite depois de um dia exaustivo.

A Lei da Vida é viver no presente, e isso se aplica tanto ao tempo quanto ao local. Fixe a sua atenção no momento presente e no local onde o seu corpo está agora. Não deixe o corpo em Nova York e o pensamento na Califórnia, ou vice-versa. Não esteja com o corpo funcionando ao meio-dia e o pensamento às seis da tarde. Tenha um bom dia de trabalho, depois pare. O trabalho excessivo não é produtivo, a longo prazo.

Um amigo estava visitando uma grande catedral na Itália, há muitos anos. Logo depois da porta de entrada havia um magnífico mosaico, que se estendia por toda a largura do prédio, mas que ainda não estava terminado. Representava o Juízo Final e continha um grande número de figuras, e a quantidade de minúsculas peças de mármore de cores diferentes ali existentes tinha um efeito estonteante.

Um homem de joelhos labutava diligentemente e meu amigo, que falava italiano, sussurrou-lhe:

– Que tarefa estupenda a sua! Eu nem sonharia em fazer tanto trabalho.

O homem replicou serenamente:

– Ah, isso não é nada. Eu sei o quanto posso fazer num dia, confortavelmente. Assim, logo de manhã, marco uma determinada área no chão, e não me preocupo com o que está além daquele espaço. Sem que eu me dê conta o meu serviço estará terminado.

Suficiente para esta hora é esta tarefa. *Agora* é o dia da salvação.

# A Grande Lei de Borracha

A Grande Lei da Existência é que colhemos o que plantamos, que a nossa experiência será segundo os pensamentos que temos e as coisas em que acreditamos. Esta é uma lei cósmica. É verdadeira em todos os planos e a todas as horas. Sendo lei, nunca é infringida. É absolutamente impessoal e inflexível, e obedecer a essa lei é o caminho para o céu ou a harmonia perfeita.

Todo o movimento metafísico existe para ensinar essa Lei, e nosso progresso se mede pelo quanto a compreendemos e obedecemos.

Todos os estudantes de metafísica sabem, intimamente, que essas coisas são verdadeiras. Infelizmente, nem sempre agem segundo tal conhecimento. Às vezes tentam se enganar fingindo que podem infringir a Lei – sem pagar a penalidade. Fingem consigo mesmos que, se outra pessoa qualquer agisse assim, seria errado, mas que no caso deles "é diferente". Dizem isso a si mesmos pois – embora estejam pensando, falando ou mesmo agindo de modo errado – isso não tem importância, porque não será considerado desta vez.

O que poderia ser mais tolo, mais infantil do que isso? Criaram para si próprios uma *Grande Lei de Borracha*, que pode ser dobrada e retorcida em qualquer direção, e não enxergam que uma coisa dessas pode ser apenas uma ilusão em suas próprias cabeças.

Felizmente, temos que viver sob a Lei Real, quer nos agrade, quer não, e não haverá fingimentos infantis ou desculpas esfarrapadas que a modifiquem.

Você criou para si próprio uma Grande Lei de Borracha? Se criou, desfaça-se dela; jogue-a num monte de sucata e recomece com uma base sólida.

O que um homem semeia (em pensamentos) é o que também colherá (em experiência).

# Você não pode, mas Deus pode

As forças espirituais que criaram e sustentam todo o universo estão à disposição para ajudá-lo a qualquer hora – desde que você as invoque com inteligência. Naturalmente, existe apenas uma Primeira Causa, porém, ela age numa infinidade de modos diferentes e a sua resposta virá sempre da maneira que for mais apropriada à sua necessidade.

A forma de invocar tal Poder é ficar quieto, mental e fisicamente, depois invocá-lo suavemente para fazer aquilo que Ele sabe ser necessário. Não tente impor modos e meios.

Em geral as suas orações não são atendidas porque você tenta fazer a coisa por si mesmo, em vez de deixar que o Grande Poder o faça. Isso é usar a sua força de vontade, e não pode ter êxito porque a sua força de vontade é apenas você.

Já viu um grande elevador de carga em ação, ou um imenso guincho nas docas? Você sabe o que acontece. O operador da máquina jamais sonharia em tentar levantar aquela carga com os seus músculos. Iria se esgotar, possivelmente se feriria de maneira séria, sem conseguir realizar coisa alguma.

O que ele faz é acionar suavemente uma pequena alavanca – e deixá-la na posição. A eletricidade, sem nenhum esforço ou alvoroço, ergue a carga a qualquer altura que se queira, quantas vezes forem necessárias.

Quando você trabalha espiritualmente, estará aplicando o Poder Infinito ao seu problema, e só pode haver um resultado: a vitória.

*Aquietai-vos e sabei que Eu sou Deus.* (Salmo 46:10)

# A natureza é amistosa

*– Ela é singular, a natureza — disse o Sr. Squeers, pensativo —, e gostaria de saber como nos arranjaríamos sem ela.*

Dickens

A natureza compreendida corretamente é aquela parte do universo de Deus com a qual lidamos imediatamente. Como Deus é Princípio, a natureza funciona por Lei imutável, e não abre exceções nem tem favoritos.

Se aprendermos as leis da natureza e as obedecermos com inteligência, teremos saúde, liberdade e harmonia, e tanto poder quanto pudermos usar.

Como disse Huxley, se quisermos comandar a natureza, teremos que obedecê-la primeiro. Repare que Jesus nas suas obras maravilhosas (milagres) nunca tentou ir contra a natureza ou fazer "proezas", digamos assim. Sempre cumpriu a Lei da Existência, harmonizando mais o paciente com as verdadeiras leis da natureza humana – pois é isto que é curar.

Habitue-se a comer, beber, exercitar-se, dormir e trabalhar com inteligência, segundo as verdadeiras leis da natureza humana, e crescerá ainda mais rapidamente em compreensão divina. Não é espiritual tentar viver de modo anti-higiênico. A natureza é nossa amiga, não nossa inimiga. É uma mãe bondosa, sempre tentando nos proteger e desenvolver – muitas vezes ante a nossa resistência. Não é algo que tenha que ser subjugado.

Faça amizade com a natureza, trabalhando em harmonia com ela, e ela fará amizade com você.

*Deus viu tudo o que tinha feito, e eis que era muito bom* (Gênese 1:31)

# Dinamite

*(13 cartuchos para uso imediato – Maneje com cuidado)*

Planeje hoje o trabalho de amanhã.

Reveja os acontecimentos do dia, muito rapidamente, antes de se recolher.

Fale baixo. Não queremos gritos.

Habitue-se a escrever de modo bem legível.

Conserve o bom humor, mesmo que perca a camisa.

Defenda os ausentes.

Ouça o outro lado antes de julgar.

Não chore sobre o leite derramado.

Aprenda a fazer uma coisa tão bem quanto qualquer pessoa no mundo pode fazer.

Use toda a sua boa educação com a família. Se tiver que ser grosseiro, que seja com estranhos.

Conserve todos os seus pertences e bens limpos e arrumados.

Livre-se das coisas que não usa.

Todos os dias faça algo para ajudar alguém.

Leia a Bíblia diariamente.

Essas sugestões podem parecer banais e evidentes, porém cada uma delas tem, oculta por trás de si, uma lei invencível de psicologia e metafísica. *Experimente-as.*

# Água de maré cura

Se você já explorou algumas das águas represadas a alguns quilômetros do oceano, sabe bem a diferença que a *água de maré* faz.

De repente você depara com um lago de água estagnada, parcialmente coberto de limo e ervas, um lugar desagradável cuja proximidade é um excelente centro de procriação para mosquitos e outros insetos indesejáveis.

Não muito longe dali se encontra outro lago, este cheio de água do mar – limpa, salgada –, e as coisas vivas ao seu redor são agradáveis e sadias. Naturalmente, a diferença é que um deles é servido por *água de maré*, e o outro não. Num dos casos, a água corrente do oceano se derrama ali duas vezes ao dia, carregada de vitalidade, depois se retira levando consigo o que estiver seco e sem vida. É essa circulação de vida que faz a diferença entre os dois casos.

Na água represada de maré, quando na baixa-mar, às vezes vemos um barco abandonado, caído de lado, sem se poder mover, porém, sabemos que essa situação é temporária porque aquele lago é servido por *água de maré*, e a maré sempre volta e faz o barco flutuar de novo, quando então ele poderá retornar ao oceano.

Enquanto você continuar fazendo a sua visita diária a Deus (chame-a de oração ou meditação), a sua alma estará aberta à *água de maré* e pouca coisa poderá dar errado. Se parece haver dificuldades, elas não serão difíceis de superar, e mesmo que você pareça estar "encalhado", é somente uma questão de tempo até que a água corrente do oceano faça-o flutuar novamente.

Quando você negligencia a sua visita diária a Deus, corta o acesso da maré, e sua alma se torna uma poça estagnada na qual se podem reproduzir o medo, as dúvidas e outras criaturas nocivas da mente. E as suas crias são as dificuldades e o sofrimento.

Conserve a sua alma inundada pela *água de maré* da Vida Eterna e *nada, por meio algum, vos ferirá*. (Lucas 10:19)

# Deus não conhece "circunstâncias"

Deus não se preocupa com as circunstâncias. O fato imutável é que Deus tem todo o poder e pode trazer harmonia e cura em qualquer circunstância, a qualquer hora e em qualquer lugar. Ele está além do tempo, do espaço e da mente carnal.

Não faz diferença para Deus o quanto uma determinada dificuldade já durou. Não faz diferença quanta oposição aparente há a superar – Deus não se preocupa com circunstâncias.

Deus não tem que preparar agora, para fazer com que algo aconteça no ano que vem; tampouco é incapaz de fazer algo agora, porque deixou de tomar alguma providência no ano que passou. Deus pode fazer qualquer coisa, em qualquer lugar, a qualquer hora, sem referência a outra coisa ou pessoa.

Nossas mentes carnais estão sempre colocando dificuldades no caminho da demonstração. Dizemos "tarde demais" ou "cedo demais" ou "longe demais" ou "perto demais" ou "demasiado" ou "de menos" e, deste modo, liquidamos a nossa demonstração. Porém, tudo isso é funcionamento da mente carnal, e não tem nada a ver com Deus.

Determine hoje que você demonstrará saúde, felicidade e êxito verdadeiro, pela percepção de que Deus está trabalhando em você e através de você para fazer com que essas coisas aconteçam. E não permita, por um só segundo, que a mente carnal lhe diga que isso não pode ser feito. Pode ser feito; e se você levar a sério, será feito.

Deus não se preocupa com as circunstâncias, e, se você se recusar a deixar que elas inibam o seu pensamento, elas não poderão impedir a sua manifestação.

*Com Deus todas as coisas são possíveis.* (Mateus 19:26)

# Livre-arbítrio ou destino

Os caprichos do destino eram um tema favorito dos romancistas de antigamente. No seu mundo de três volumes, as vidas das pessoas estavam à mercê de acidentes banais, dia após dia. Toda uma vida era destruída porque uma carta fora roubada ou extraviada. O herói ia da obscuridade à fortuna e fama por meio de um encontro com um desconhecido num vagão de trem, ou por ter salvo alguém de se afogar na praia. Um passo em falso arruinava uma carreira promissora. Um giro da roda da fortuna resolvia todos os problemas para uma outra pessoa.

Tudo isso é bobagem. Não estamos à mercê de acidentes, pois não existem acidentes, e as banalidades têm apenas efeitos banais.

Você demonstra o seu caráter a longo prazo, e não pode perder aquilo para que foi talhado, no fim das contas, por causa de um acidente externo. Um determinado incidente pode dar-lhe uma vantagem temporária ou causar-lhe dor e aborrecimentos passageiros, mas não modifica a história da sua vida. Um homem ativo e empreendedor, que cuida dos seus negócios, terá êxito na vida quer encontre ou não um desconhecido prestativo num vagão de trem; quer seja perdida ou não uma determinada carta que lhe diga respeito. O extravio de uma carta poderá privá-lo de uma posição especial; o encontro com o desconhecido prestativo e influente poderá apressar a chegada do sucesso; porém, se ele tiver as qualidades exigidas pelo sucesso, terá êxito de qualquer maneira. E se lhe faltarem tais qualidades, nenhuma ajuda externa fará com que tenha êxito.

Nação alguma é destruída porque perdeu uma batalha. Quando uma nação é fraca em recursos naturais e está dividida internamente, não pode ficar de pé. Mas é essa fraqueza estrutural que provoca a sua queda. Se ela estivesse unida, bem organizada e armada, poderia perder a batalha e ainda assim ganhar a guerra.

O seu caráter é que o faz ou o destrói. Isso se aplica ao indivíduo, à nação, ao partido, à igreja, a qualquer instituição.

Se você sente que lhe faltam certas qualidades necessárias, se seu caráter parece fraco, peça a Deus que lhe dê aquilo de que precisa – e Ele o fará.

Você pode acrescentar qualquer qualidade à sua consciência meditando sobre esta qualidade todos os dias.

# Palavras-chave na Bíblia

## 1. Medo

A Bíblia diz que o temor a Deus é o começo da sabedoria (Salmo 111:10) e o começo do conhecimento (Provérbios 1:7). Isto induziu em erro muitas pessoas, porque a verdade é que o temor (ou medo) é inteiramente daninho e é realmente o único inimigo que temos. Você pode curar qualquer coisa se puder se livrar do medo ligado a ela. As dificuldades e doenças nada mais são do que o medo subconsciente projetado no nosso ambiente. É sempre verdade que "nada temos a temer, exceto o medo".

Como então explicar os textos citados? A resposta é que, na Bíblia, o temor a Deus quer dizer a *reverência* a Deus, não o medo de Deus.

*A reverência a Deus é o começo da sabedoria.* Como demonstramos reverência a Deus? Não por belas palavras ou orações fingidas, mas enxergando Deus por toda a parte, recusando-nos a reconhecer qualquer coisa dessemelhante a Ele, e vivendo a vida de Cristo.

A confiança é adoração. Você adora aquilo em que confia. Está confiando mais no mal ou no bem? No medo ou em Deus? O que está adorando? O teste é este.

*Familiarizai-vos com Ele e estai em paz.* (Jó 22:21)

## 2. Ira

Há muitas referências na Bíblia à ira de Deus. Isso intriga muitos estudantes de metafísica, porque sabemos que Deus é amor e que a ação de Deus é sempre realizada para curar, consolar e inspirar. A explicação é que a palavra "ira" na Bíblia significa, na verdade, *grande atividade* – a atividade que precede ou acompanha a cura de qualquer condição negativa. Sabemos que, quando se faz uma faxina geral na casa, tudo parece ficar de ponta-cabeça por alguns dias. Do mesmo modo, quando se cura um doente pela oração, ele com frequência piora antes de ocorrer a cura. É esse tipo de crise que representa a palavra "ira".

Em II Crônicas 34:25, por exemplo, lemos que a ira do Senhor será derramada sobre o povo, porque adorou deuses falsos. Isso quer dizer que, quando acreditamos na limitação e temos pensamentos negativos, a consequência será nefasta, mas que, se nos *tratarmos*, o nosso tratamento desmanchará o mal que foi feito e trará paz e harmonia às nossas vidas. Essa atividade é a ira de Deus.

O Salmo 76:10 diz que "a ira dos homens vos louvará". Isso quer dizer que a agitação causada dentro de nós por nossas dificuldades nos leva a Deus e, desse modo, elas são superadas.

A Bíblia sempre apresenta dificuldades e infortúnio acabando em harmonia e alegria, se nos voltarmos para Deus.

*Ele enviou a Sua palavra e os curou e os livrou da sua destruição.* (Salmo 107:20)

## 3. Eu Sou Aquele Que Sou

Eu Sou Aquele Que Sou (Êxodo 3:14) é um dos principais termos da Bíblia para Deus. Significa a Existência sem condições. Significa o grande Poder Criativo, que é absolutamente ilimitado. É uma tentativa – e muito bem-sucedida – de expressar, até onde a linguagem permite, a infinidade de Deus.

"Eu sou" significa você – o indivíduo. É uma asserção ou afirmação de existência e precisa ser qualificada de alguma forma. Dizemos, por exemplo, "eu sou um homem" ou "eu sou uma mulher", "sou americano" ou "sou espanhol", "sou advogado" ou "sou padeiro", "sou republicano" ou "sou democrata". Em cada um desses casos declaramos um fato importante a nosso respeito e, desse modo, nos limitamos – não num sentido negativo, mas positivo e construtivo.

Se sou americano não sou espanhol; se sou homem não sou mulher, e assim por diante.

Já Deus é absolutamente ilimitado e a única frase que pode expressar isso é Eu Sou Aquele Que Sou. Eu Sou – o quê? Eu Sou – uma existência pura e sem condições, ilimitada e não especificada sob forma alguma. Afirmar que Deus é uma coisa determinada implicaria limitação, ou pelo menos uma restrição, e Deus é ilimitado.

Quanto ao homem, cabe-lhe ser algo específico e não tentar ser tudo, porque ele é uma *individualização.* Se você tocasse todas as notas da escala de uma só vez teria apenas um ruído confuso. A música consiste na seleção e agrupamento especial de certas notas.

No universo de Deus cada um de nós tem o seu lugar e cabe-nos encontrar esse lugar verdadeiro e expressá-lo – cabe-nos tocar o nosso instrumento corretamente na grande orquestra. Deus, contudo, é o Grande Regente e também a orquestra inteira, ilimitado e sem começo e sem fim.

## 4. Salvação

A palavra "salvação" aparece mais de 120 vezes na Bíblia. Era de uso constante entre os religiosos das gerações passadas e, conquanto não seja muito ouvida hoje em dia, permanece o fato de que é uma das palavras mais importantes da Bíblia e, como costuma acontecer, figura entre as menos compreendidas.

"Salvação", na Bíblia, significa saúde perfeita, harmonia e liberdade. Quando você tem um corpo forte e sadio que, por si só, lhe dá alegria de viver; quando está vivendo em condições que são completamente harmoniosas; quando ocupa seu tempo com atividades alegres e proveitosas; quando aumenta a cada dia a sua compreensão de Deus e você não tem consciência de nenhum medo – possui a salvação no sentido bíblico.

Essas coisas são o que Deus deseja para o homem – para você, pessoalmente. E a Bíblia foi escrita para nos dizer como atingi-las.

Alcançamos a salvação buscando Deus em pensamento e deixando que Ele trabalhe através de nós; recusando-nos a dar poder às condições externas; treinando-nos para desprezar o medo.

"O Senhor é a minha luz e a minha salvação." (Salmo 27:1) "Somente Ele é a minha rocha e a minha salvação." (Salmo 62:2) "As vossas bigas da salvação." (Habacuque 3:8) "Ele ergueu uma trompa de salvação para nós." (Lucas 1:69) "Toda a humanidade verá a salvação de Deus." (Lucas 3:6) Textos como estes são típicos das promessas da Bíblia referentes à salvação. A prece de Habacuque ilustra a angústia mental que muitas vezes acompanha a atividade (ira) de Deus nas nossas almas, quando as dificuldades vêm à tona para serem resolvidas e ocorre um período de tensão antes da demonstração.

A salvação chega para alguns doce e facilmente, porém a maioria tem que conseguir a sua salvação com uma certa dose de "medo e tremor" durante algum tempo. A maneira como chega não é realmente importante, pois ela chegará – quando a buscarmos de todo o coração.

É um excelente tratamento procurar a palavra "salvação" numa relação de tópicos da Bíblia, e depois ler vários versículos em que ela aparece, interpretando-os espiritualmente, é claro.

## 5. Mau

A palavra "mau" (ou "maus") aparece mais de 300 vezes na Bíblia e é um dos termos mais importantes que ali se encontram. Na Bíblia, "mau" quer dizer na verdade "enfeitiçado" ou "encantado". A Lei da Existência é a perfeita harmonia e essa verdade nunca muda. Porém, o homem usa o seu livre-arbítrio para pensar erradamente e, desse modo, cria condições falsas ao seu redor e depois acredita que sejam reais. Parecem reais, e então ele se esquece de que foi ele mesmo quem as criou, e desse modo se enfeitiça ou fica sob o poder de uma espécie de encanto. Naturalmente, enquanto continuar enfeitiçado desse jeito terá que sofrer as consequências. Apesar disso, é tudo uma ilusão, ou um encanto, e pode ser quebrado se ele se voltar para Deus.

O único meio de quebrar esse encanto é pensar em Deus, e é por isso que Jesus chamou-o de caminho da austeridade e retidão. "Oh, gálatas tolos, quem vos enfeitiçou?", disse Paulo, quando soube que alguns de seus estudantes tinham começado a acreditar no mau dessa maneira. (Epístola de São Paulo aos Gálatas 3:1)

"Os maus fogem quando ninguém os persegue." (Provérbios 28:1) "Os maus cairão no inferno." (Salmo 9:17) "Que o mau renegue a sua maneira de ser e o iníquo, os seus pensamentos; e que ele volte ao Senhor e o Senhor terá piedade dele." (Isaías 55:7) Todas essas são afirmações do que acontece quando permitimos que nossos pensamentos nos enfeiticem para acreditarmos em outro poder que não Deus. Fugimos quando ninguém nos persegue – temos medo sem motivo. Podemos sofrer as dores do inferno, porque "o medo atormenta". Porém, aos nos voltarmos para Deus, o encanto se quebra e a harmonia é restabelecida.

Acordemos do encanto sob o qual vive a raça inteira, reconhecendo que Deus é todo Poder, Inteligência infinita e Amor sem limites.

## 6. Juízo

Julgar, na Bíblia, significa decidir pela verdade ou falsidade de qualquer ideia. Esse processo necessariamente ocorre na nossa cabeça durante o tempo todo em que estamos acordados, e, na medida em que "julgamos juízos justos", determinamos o caráter de nossas vidas. Aceitar o mal como ele se apresenta é julgar erradamente, e traz o seu castigo natural. Recusar-se a acreditar no mal e afirmar que o bem é o juízo justo trazem a recompensa da felicidade e da harmonia.

Assim, *O Juízo* não é um grande julgamento que vai se realizar no final dos tempos, é um processo que ocorre todos os dias. Quando Jesus disse: "Não julgueis para não serdes julgados", quis dizer que condenar prontamente o nosso irmão sem ver o Cristo dentro dele é colocarmo-nos em perigo, porque estamos fazendo uma realidade daquilo que ele aparenta, e aquilo que tornamos real temos que demonstrar nas nossas próprias vidas.

## 7. Pagãos, inimigos, estranhos

Estas palavras se referem aos nossos pensamentos negativos, que são as coisas que nos estão causando dificuldades. Não se referem a outros seres humanos. Os pensamentos errados são *pagãos* porque desconhecem Deus. São *estranhos* ao seu eu verdadeiro e, naturalmente, são os únicos *inimigos* que você pode ter. Todos esses inimigos devem ser destruídos, não lutando-se contra eles – o que apenas lhes dá poder –, mas por meio de um *juízo* justo – recusando-se a acreditar neles.

*Deus é a única Presença e o único Poder.*

## 8. Cristo

A palavra "Cristo" não é um nome próprio. É um título. É uma palavra grega que significa ungido ou consagrado. Corresponde mais ou menos ao termo hebraico *Messias* e à palavra oriental *Buda*.

Jesus foi o nome pessoal que os pais de nosso Senhor lhe deram. É uma palavra grega, tradução do hebraico Josué, que quer dizer, literalmente, "Deus é salvação" – ou seja, a percepção de Deus é a nossa salvação, ou o que eu chamo de Chave de Ouro.

Assim, falamos *do Cristo.* O Cristo pode ser definido como a Verdade espiritual sobre qualquer pessoa, situação ou coisa.

Quando você percebe a verdade espiritual sobre qualquer problema, está erguendo o Cristo na consciência, e a consequência é a cura. Assim, o Cristo é sempre o Cristo que cura.

Jesus demonstrou o Cristo na sua própria pessoa e vida a um ponto além do que o fez qualquer outro indivíduo que tenha vivido na face da Terra. E porque a obra que fez na sua crucificação e ressurreição tornou possível que atingíssemos níveis espirituais que, se não fosse por Ele, estariam fora do nosso alcance, é muito justamente denominado o Messias ou o Salvador do mundo. Pelo mesmo motivo é chamado de a Luz do Mundo. A percepção do Cristo cura, independente de quaisquer condições ou limitações que pareçam estar atrapalhando.

*E eu, quando for levantado da terra, atrairei todos os homens a mim.* (João 12:32)

## 9. Arrependimento

Arrepender-se, na verdade, significa mudar de ideia no tocante a algo. Esse é o verdadeiro significado de arrependimento. Quando uma pessoa se dá conta de que uma ação determinada, ou certa linha de conduta, ou quem sabe até todo o rumo da sua vida, foi errado e resolve sinceramente mudar a sua atitude, ela se arrependeu.

A Bíblia faz do verdadeiro arrependimento uma condição essencial para qualquer progresso espiritual e para o perdão dos pecados.

Jesus disse: "A não ser que vos arrependais, todos perecereis igualmente." (Lucas 13:3)

O arrependimento não significa lamentar os erros passados, pois isso é viver no passado e nosso dever é viver no presente e fazer este momento certo. Preocupar-se com os erros passados é remorso, e remorso é pecado, pois é uma recusa em aceitar o perdão de Deus. A Bíblia diz que *agora* é o dia da salvação.

João Batista falou: "Arrependei-vos, pois o reino dos céus está próximo." (Mateus 3:2) Isso quer dizer que você deve modificar o seu pensamento e saber que a Presença de Deus é onde você está.

João praticou o batismo como símbolo do arrependimento. Em sua época, já era um costume muito antigo entre os diferentes povos, porque lavar-se ou banhar-se é um símbolo dramático da limpeza da alma pelo arrependimento. No Velho Testamento, as pessoas lavaram as roupas antes de receber os Dez Mandamentos de Moisés, e em muitos outros casos uma lavagem ou limpeza cerimonial precede vários exercícios espirituais. Este é o verdadeiro significado do batismo e, naturalmente, a cerimônia em si não tem importância, exceto como expressão externa daquela mudança de ideia, ou arrependimento, ou resolução de melhorar, que é algo interno e espiritual.

A lei da vida é conhecer a Verdade e vivê-la.

## 10. Vingança

"A vingança é minha; eu darei a retribuição, disse o Senhor." (Epístola de São Paulo aos Romanos 12:19)

O sentido espiritual da palavra *vingança*, na Bíblia, é *vindicação*. Representa a vindicação da Verdade contra o desafio ou acusação do medo e incompreensão.

Sabemos que a natureza real da Existência é a harmonia perfeita, imutável. Esta é a Verdade absoluta, e nada pode mudá-la.

Naturalmente, é possível para nós aceitarmos ideias errôneas sobre a Verdade, e enquanto aceitarmos tais erros teremos que viver em servidão. Também sentimos medo, e o medo nada mais é do que falta de confiança em Deus.

Então, finalmente, resolvemos orar, voltando-nos para Deus e percebendo a Verdade da melhor maneira que pudermos.

Tão logo façamos isso, a ação de Deus começa a ocorrer, nosso medo começa a se evaporar e a condição falsa começa a melhorar com regularidade.

Desse modo, a Verdade da Existência e a bondade de Deus são *vindicadas* mais uma vez em nossas vidas.

Quando sentimos que fomos ofendidos, em vez de ficarmos remoendo o assunto com ressentimento, devemos afastá-lo completamente dos nossos pensamentos, dando-nos conta da bondade e harmonia de Deus em nós mesmos e no delinquente. Isso é *vindicação* ou "vingança" espiritual, segundo os ensinamentos da Bíblia. E ela não apenas cura toda a aflição mas também nos traz um grande progresso espiritual.

## 11. Vida

Jesus disse que ele viera para que tivéssemos *vida* e para que a tivéssemos em maior abundância. (João 10:10) A Bíblia usa com frequência a palavra *vida* e sempre sugerindo que é a maior de todas as bênçãos. "Com *vida* longa eu o favorecerei." (Salmo 91:16) "Vós me mostrareis o caminho da *vida*." (Salmo 16:11) "Guardai vosso coração diligentemente, pois dele saem os fluxos da *vida*." (Provérbios 4:23) Jesus disse que aqueles que o seguirem terão a luz da *vida*. E por toda a Bíblia se diz que o grande objetivo do homem é a *vida eterna*.

Bem, o que é esta vida da qual fala a Bíblia? Não vamos tentar definir a palavra neste pequeno ensaio. Será suficiente ressaltar que você experimenta a *vida* apenas quando é feliz e sente que é livre, útil e alegre, sem tomar consciência de medo ou de dúvidas.

Todos já tiveram tais períodos na vida, embora sejam bem mais raros do que deviam ser, e essas foram as vezes em que você esteve vivo – em que aproveitou a *vida*. Das outras vezes você não teve *vida*, no sentido das Escrituras.

Assim, quando a Bíblia nos promete uma vida longa, sob certas condições, ela nos promete um longo período de alegria e liberdade. Quando promete vida eterna, está prometendo a fruição dessas coisas para sempre.

Uma longa vida física cheia de lutas, sofrimento e desapontamento ou viver até uma idade avançada sem alegria ou esperança não é uma vida longa no sentido bíblico. Uma vida desse tipo é, na verdade, uma forma de morte.

A *vida* no sentido bíblico é algo supremamente digno de se ter, e ela nos é prometida sob a condição de que guardemos a Grande Lei – buscando um melhor conhecimento de Deus e colocando-o em primeiro lugar nas nossas vidas.

# Deixemos isso claro

Você é, na sua verdadeira natureza, um ente divino e um ser uno com Deus – agora.

A Lei da Existência é a harmonia perfeita e infrangível.

Você não pode saber nada ou experimentar nada a não ser os seus próprios estados de espírito; e estes você pode modificar por meio de esforços inteligentes e persistentes.

Você demonstra aquilo em que realmente acredita.

Qualquer feito ou acontecimento não passa da sombra lançada por um pensamento.

O Amor Divino é absolutamente onipotente e não é limitado por condições.

Não fingimos que não estamos doentes, quando estamos. Dizemos que a desarmonia não é substancial. É uma sombra passageira lançada por um modo de pensar errado, que pode ser removida pelo pensamento certo.

O segredo da felicidade e da harmonia é a Paz de Espírito – e não existe outro. Você encontra a Paz de Espírito acertando-se com Deus.

É sempre errado forçar qualquer coisa. A coisa certa vem sem a violência.

Também isso passará. Nada no mundo material dura ou é de importância transcendental.

Positivamente, não há pressa.

Assim como vossos pensamentos, assim serão vossos dias.

# O dia de hoje não está hipotecado

A sua experiência em qualquer momento é a projeção da sua mente naquela hora. O que você crê e compreende intimamente é o que você experimenta externamente.

As pessoas acham que as coisas externas de hoje resultam das coisas externas de ontem. Pensam que o que lhes acontece no sábado é o resultado de algo que fizeram, digamos, na segunda, ou pelo menos – no caso dos estudantes da Verdade – acreditam que é o resultado de como pensaram na segunda.

Não é assim. O que lhe acontece no sábado é o resultado dos pensamentos de sábado, pura e simplesmente, e não dos pensamentos de segunda ou terça, ou de qualquer outra época da vida anterior. Isso quer dizer que, se você pensa de forma correta no sábado, o sábado deverá correr bem, independente do que se passou antes.

Os pensamentos de sábado podem resultar de acontecimentos anteriores. Na verdade, é isso o que acontecerá se você não tomar nenhuma providência. Mas se você modificar os pensamentos de sábado, como é possível fazer, então poderá tornar a experiência do sábado harmoniosa e satisfatória.

Imaginemos que você recebeu uma notícia muito ruim na segunda-feira. Isso causa uma sensação de depressão e medo (naquele dia). Você fica prevendo trágicas consequências num futuro próximo. Quem sabe a bomba vai estourar no sábado. Quando chega o sábado, você está com o pensamento negativo, e a bomba realmente estoura. Mas foi o pensamento negativo do sábado que a fez cair – não o acontecimento da segunda, e nem mesmo o medo da segunda. Claro, o mundo pensa que a infelicidade do sábado foi causada por algo que aconteceu na segunda, ou anterior à segunda; mas o mundo está errado. Não existe causa e efeito do exterior para o interior; é sempre de dentro para fora.

Cada dia é uma nova vida. Cada momento é, na verdade, uma nova vida. O que chamamos de lembranças são, na verdade, pensamentos atuais. O que chamamos de expectativas são, na verdade, pensamentos atuais. Ninguém já viveu noutro momento exceto o presente. Saber disso é a porta para a liberdade.

*Olhai, agora é a hora aprovada; olhai, agora é o dia da salvação.* (II Epístola de São Paulo aos Coríntios 6:2)

## Você pode, se quiser

Não existe o verdadeiro desejo sem a capacidade e nem a capacidade sem a oportunidade.

Quando você realmente deseja ser ou fazer alguma coisa, quando *realmente* o deseja – é um sinal de que Deus quer que você faça aquela coisa e que Ele exprimiu o Seu desejo dando-lhe a capacidade necessária. Na realidade, esse desejo é a capacidade revelando-se a você, ansiando por expressão.

As pessoas têm diversos tipos de vontades passageiras, mas uma vontade passageira não é realmente um desejo. No verão, um garoto quer ser jogador de beisebol profissional, mas no inverno diz que vai ser campeão de esqui; nas 24 horas seguintes ao grande incêndio ocorrido ali na esquina quer ser bombeiro. A irmã dele vai à ópera e vê a prima-dona recebendo buquês e quer ser cantora. Porém, no mês seguinte, quando uma cientista recebe o Prêmio Nobel, ela afirma que vai ser uma grande química.

Nenhum desses é um desejo verdadeiro. São todos caprichos passageiros. Um desejo verdadeiro permanece e aumenta em força com o passar do tempo, ao invés de diminuir. É constante e sem excitação.

Desenvolva o seu verdadeiro desejo pensando nele, estudando o assunto, procurando pessoas e locais ligados a ele e, acima de tudo, afirmando que Deus, que lhe deu a vontade, fará com que ele se realize.

Dados o desejo e a capacidade desenvolvida, não há necessidade de procurar a oportunidade. Esta porta se abrirá automaticamente.

*A Sabedoria Divina agora me abre o caminho.*

# Deus não pode descobrir

Deus sabe de tudo, o tempo todo. Isso quer dizer que Deus não pode "descobrir" uma coisa. Deus não precisa fazer experiências para ver o que vai acontecer, como nós. Deus não precisaria "testar" ninguém para ver se ele é honesto ou corajoso ou sensato, porque Deus já sabe tudo.

A Bíblia às vezes fala em Deus tomando providências para saber de alguma coisa, ou representa-O como tendo mudado de ideia ou ficado desapontado. Diz-se que Deus testou a obediência de Abraão, no caso de Isaque. Diz-se que os Seus planos foram tumultuados pelo comportamento errado de Adão e Eva, pela maldade geral da humanidade antes do dilúvio e, na verdade, representam-n'O com frequência como estando desapontado, e até mesmo frustrado, pela conduta da humanidade. Na teologia ortodoxa, o demônio estava continuamente atrapalhando os planos de Deus, fazendo-os dar em nada. Na verdade, escutando alguns pregadores, até se chegava a supor que o demônio era bem mais poderoso que Deus.

Naturalmente, tudo isso é bobagem. Naturalmente, tais coisas não podiam realmente ser verdade, por parte de Deus. Foi a *ideia* que Abraão fazia de Deus que o levou a se preparar para matar Isaque, e foi o seu eu mais elevado, o seu Cristo interno, que o salvou daquela tragédia. Foi a ideia que o Faraó fazia de Deus que endureceu o seu coração. Foi a maldade da humanidade no mundo antediluviano que acarretou o dilúvio como consequência natural, assim como os temores, ódios, invejas e cobiças da humanidade ao longo de muitos anos acarretaram as guerras atuais.

Nós criamos uma imagem idólatra de nós mesmos e a chamamos de Deus. Destruamos hoje essa imagem e adoremos o Deus verdadeiro, que é o Bem infinito e imutável.

# Tratando bilateralmente

Você é contraditório? Tiago diz que uma pessoa contraditória é instável em todas as suas atitudes e que tal pessoa não deve esperar nada da Grande Lei. (Tiago 1:5-9)

Isso é simples bom senso. Se você afirma uma coisa agora e o contrário daqui a meia hora; se você pensa positivamente às 10 horas e negativamente às 11; se você medita de maneira profunda e depois começa a falar em problemas; então é inteiramente natural que não consiga *demonstrar.*

Se você entrou num táxi na Grand Central Station e mandou que o motorista o levasse para o Central Park, e depois de rodar um quarteirão mandou que ele o levasse para o Battery e dali a mais uns quarteirões pediu para ir de novo para o Central Park, para dali a cinco minutos dizer que tinha mudado de ideia novamente, não podia esperar que o motorista o levasse a parte alguma. Qualquer taxista de Nova York o teria posto logo para fora do carro, dizendo-lhe claramente o que pensava a seu respeito... e no entanto é isso o que muitos estudantes de metafísica fazem na prática. Afirmam tanto a harmonia quanto a desarmonia, até que o subconsciente fica completamente atordoado e, naturalmente, as suas vidas ficam na maior confusão.

Existe um outro meio pelo qual podemos contradizer e desta forma neutralizar nossas orações e afirmações. É *dizendo* a coisa certa, mas *fazendo* a errada. Não importa o quanto sejam excelentes as nossas declarações, se nossos *atos* desmentem as nossas *palavras*, ainda que estejamos fazendo um tratamento bilateral, a consequência será a confusão.

Cada *palavra*, cada *ato*, é um tratamento. Quando se reforçam mutuamente, o efeito é poderoso e o resultado, certeiro. Quando não coincidem, eles se anulam, deixando-nos no estado inicial ou, provavelmente, ainda pior.

Invista *todo* o seu valor do lado da harmonia e os resultados virão.

# A Bíblia tem a chave

A Bíblia é o bem mais precioso da raça humana. Contém a chave da vida. Mostra-nos como viver para podermos ter saúde, liberdade e prosperidade. Vai ao encontro de cada um no seu próprio nível e o traz até Deus. Tem uma solução para cada problema. Incidentemente, é a maior obra literária já compilada e o mais interessante de todos os livros. A versão comum em inglês contém o maior e melhor inglês que já foi escrito. Os estrangeiros inteligentes que querem dominar o idioma fazem questão de ter a Bíblia constantemente à mão e de lê-la diariamente, e, na verdade, essa é a melhor maneira de se adquirir um belo estilo em inglês.

Além disso, o verdadeiro valor da Bíblia reside na interpretação espiritual. Por mais maravilhosa que seja a Bíblia "externa", ela o é bem menos do que um por cento da Bíblia "interna" – aquela que se oculta por trás dos símbolos.

Ouça uma parábola:

Uma ilha remota era habitada por selvagens muitíssimo inteligentes. Desenvolviam um pouco de arte primitiva, estátuas toscamente esculpidas e faziam nas paredes das cavernas excelentes desenhos de animais. Porém não tinham alfabeto, e nem sonhavam com tal coisa. Um belo dia chegou à praia, trazido pelas águas, um caixote contendo diversos livros, secos e em bom estado. Os nativos ficaram encantados com a sorte inesperada e imaginaram que as páginas impressas fossem exemplos rebuscados de tipos de desenhos.

O caixote incluía tesouros como a obra completa de Shakespeare, *Huckleberry Finn* e *Outline of History*, de Wells, e eles se debruçaram sobre as páginas admirando as estranhas formas e desenhos feitos pela máquina impressora, totalmente inconscientes do significado real por detrás de tudo aquilo, ignorantes da existência de Falstaff, de Portia, ou Hamlet; de Huck e Jim; da fartura de conhecimento e instrução existentes no belo livro de Wells.

Se você tem lido a Bíblia sem a interpretação espiritual, está exatamente nessa mesma posição. Não descobriu a mensagem real da Bíblia, pois ela jaz sob a superfície. A Bíblia exterior é maravilhosa, mas *a Bíblia interior é a dádiva suprema de Deus.*

*Vós errais, desconhecendo as escrituras.* (Mateus 22:29)

# Você se deu conta desses fatos?

Nós o amamos, porque primeiro ele nos amou. - I João 4:19.

Vós o conservareis em perfeita paz, aquele cuja mente se fixa em Vós; porque ele confiou em Vós. - Isaías 26:3.

Na Vossa Presença está a plenitude da alegria; à Vossa mão direita há prazeres para todo o sempre. - Salmo 16:11.

Olhai, renovo todas as coisas. - Apocalipse 21:5.

Olhai, agora é a hora aprovada; olhai, agora é o dia da salvação. - II Epístola de São Paulo aos Coríntios 6:2.

Buscai primeiro o reino de Deus e a Sua justiça; e todas estas coisas vos serão acrescentadas. - Mateus 6:33.

Olhai, o reino de Deus está dentro de vós. - Lucas 17:21.

Não resistais ao mal, mas superai o mal com o bem. - Mateus 5:39; Epístola de São Paulo aos Romanos 12:21.

A letra mata, mas o Espírito dá vida. - II Epístola de São Paulo aos Coríntios 3:6.

Aquele que invocar o nome do Senhor será salvo. - Epístola de São Paulo aos Romanos 10:13.

Volvei-vos a Mim e sereis salvos, todos os confins da Terra; pois Eu sou Deus e não existe mais nenhum. - Isaías 45:22.

Vós me buscareis, e Me achareis quando Me procurardes de todo o coração. - Jeremias 29:13.

E tudo isso torna-se manifesto pela luz. - Epístola aos Efésios 5:13.

Porém, quando ele ainda estava bem distante, o pai o viu e se compadeceu. - Lucas 15:20.

Por seus frutos vós os conhecereis. - Mateus 7:20.

Eu vos tenho trazido sobre asas de águia para junto de Mim. – Êxodo 3:14.

A casa que será construída para o Senhor terá que ser supremamente magnífica. – I Livro das Crônicas 22:5.

Ele enviou a Sua palavra e os curou. – Salmo 107:20.

Minha velhice me foi arrebatada como a tenda de um pastor. – Isaías 38:12.

A vossa juventude é renovada como a da águia. – Salmo 103:5.

Não tereis outros deuses além de mim. – Deuteronômio 5:7.

*Estes textos compõem um tratamento dos mais poderosos.*

# Miolos ou estopa

Todos conhecem a Grande Lei. Uma maneira de enunciá-la é dizer: uma coisa puxa outra igual. O bem produz o bem. O mal produz o mal. O que plantamos em ideias colhemos em experiências.

Se os nossos pensamentos diários são positivos, construtivos, bondosos, produzimos saúde, sucesso e liberdade. Se nossos pensamentos cotidianos são negativos, pessimistas, mesquinhos, produzimos doença, fracasso e infelicidade. Se a nossa vida é governada pela Fé, ficamos mais jovens, mais prósperos e mais alegres, com o passar dos anos. Se nossa vida é governada pelo medo, a idade nos trará a velhice, a decrepitude e a frustração.

As pessoas sabem que essas coisas são verdadeiras. Não têm a menor dúvida a seu respeito e no entanto, a despeito desse conhecimento transcendente, usam constantemente a Grande Lei para a própria destruição. Não sonhariam em colocar água no tanque de gasolina do carro, ou areia no relógio, ou vidro moído na comida. Porém, fazem algo igualmente estúpido cada vez que pensam, falam ou agem negativamente. Conhecendo a lei, não podemos deixar de nos perguntar o que tais pessoas têm dentro da cabeça: *miolos ou estopa.*

Graças a Deus que conhecemos a Grande Lei, porque ela nos dá a chave da vida. Só o que temos a fazer é pô-la em prática e, conquanto isso seja um tanto difícil no começo – como a aquisição de qualquer novo hábito ou o aprendizado de qualquer nova técnica – a prática trará a perfeição e os bons resultados se acumularão numa velocidade sequer sonhada.

No futuro, quando se pegar pensando negativamente, pergunte a si mesmo, com severidade: "*miolos ou estopa*?" E volte imediatamente ao que você sabe ser a Verdade da Existência.

# O cafre não sabia

Certo dia, num tempo remoto, um viajante cruzava sozinho o que era, então, uma parte remota da África do Sul. Passou a noite numa aldeia nativa e na manhã seguinte, enquanto fumava cachimbo diante da choupana que lhe destinaram, reparou em um grupo de crianças nuas brincando com uma versão local do tradicional jogo de bola de gude.

Ficou observando a brincadeira, preguiçosamente, por algum tempo. Depois, algo nas pedras toscas com que as crianças jogavam chamou-lhe a atenção. Eram pedras pequeninas, opacas, mas – e foi aí que seu coração disparou – ele se deu conta de que eram na verdade diamantes brutos, que valiam uma pequena fortuna. Falou com o pai das crianças, propositalmente displicente, e o cafre disse:

– Ah, é, as crianças gostam dessas pedrinhas. Ainda têm outras na choupana.

E com essas palavras foi buscar um cesto com outras.

Reprimindo a sua excitação, o viajante pegou um grande naco de fumo para mascar, que valia talvez uns 20 ou 30 centavos de dólar, e falou:

– Gostaria de levá-las para os meus filhos. Eu lhe darei este fumo em troca. Aceita?

O cafre riu e retrucou:

– Eu o estou roubando, mas se insiste, está bem.

O negócio foi fechado, não apenas enriquecendo o estranho como ele jamais sonhara mas levando, com o tempo, à grande descoberta das minas de diamante da África do Sul.

Esta historieta nos interessa porque o destino do cafre é, na verdade, o destino da maioria dos seres humanos. O homem está de posse de um tesouro fabuloso – o poder da Palavra Falada – e no entanto, na maioria das vezes, ignora-o. Continua a viver com medo, doenças e limitação. Falando a Palavra construtivamente, poderia conseguir o bem ilimitado. O tesouro é dele, mas ele não tem consciência.

Na Bíblia, as pedras representam a verdade espiritual. Apanhemos hoje essas pedras negligenciadas, demos-lhes lustro, e deixemos que glorifiquem as nossas vidas.

## Pensamento com alto teor de octana

É a qualidade do seu pensamento habitual que importa. É isso  que constrói ou destrói a sua vida. Não é tanto um pensamento em particular, seja bom ou ruim, mas a qualidade ou tom geral do seu pensamento que determina o seu destino.

Você pode se pegar pensando negativamente de tempos em tempos, durante o período de autotreinamento, mas enquanto o tom geral do seu pensamento for positivo e construtivo, lapsos temporários e ocasionais não terão muita importância. Por outro lado, tratamentos ocasionais pouco adiantarão se o tom geral do seu pensamento for ruim. *É o tom geral que importa.*

O pensamento com alto teor de octana é como a gasolina com alto teor de octana. Significa potência e desempenho. Na nova era, após a guerra, haverá oportunidades para o sucesso e para realizações nos Estados Unidos como nunca houve em outra nação antes. O povo americano se verá diante de um mundo novo e melhor, mas os prêmios irão para aqueles *que têm o pensamento reinado e construtivo.*

É evidente para todos que os dias dos privilégios especiais se acabaram e que a capacidade individual, e apenas esta, contará.

O pensamento de alto teor de octana é a percepção de que Deus está trabalhando através de você em tudo o que faz... sutil, mas poderoso, além do que a imaginação possa conceber.

Se você realmente acredita que Deus está trabalhando através de você, a qualidade de seu trabalho será tão alta e você receberá tanta inspiração da parte Dele, que todas as barreiras no seu caminho cairão. Um bem com que você sequer sonhou entrará na sua vida, e você será uma bênção para todos que o cercam.

*O pensamento de alto teor de octana significa Poder e Desempenho.*

# O segredo de uma técnica de vendas bem-sucedida

O bom vendedor é aquele que ajuda o cliente a obter a mercadoria de que ele realmente necessita. É preciso enfatizar esse ponto. Significa *ajudar* o cliente, significa *serviço.* Não significa aproveitar-se dele sob forma alguma. Sem dúvida não significa forçá-lo a adquirir coisas de que não necessita e que não tem poder aquisitivo para comprar. Nem significa fingir que lhe está dando um determinado artigo quando, na verdade, ele está recebendo um outro, de qualidade inferior. Tal política não é técnica de vendas, é roubo puro e simples.

O bom vendedor é aquele que procura saber o que o cliente realmente está precisando e lhe fornece o produto. Ou que, caso não tenha a mercadoria em questão, indica ao freguês onde encontrá-la. Tal política não representará, como muitos podem pensar, perda de freguesia. Pelo contrário, esse método – simplesmente a aplicação da Regra de Ouro – fará o seu negócio desenvolver-se muito mais rapidamente do que se utilizasse qualquer outro. As pessoas sentem, intuitivamente, a honestidade e a sinceridade, e estas geram a confiança. Trabalhando dessa forma você poderá perder uma venda, por causa da sua honestidade, mas receberá meia dúzia no lugar dela – e terá paz de espírito. Todo vendedor inteligente deve saber que qualquer venda determinada, ou até mesmo um freguês determinado, não tem importância, pois o que se considera é o movimento anual.

Certos cursos de técnicas de vendas costumavam aconselhar: “Faça com que o cliente assine na linha pontilhada antes de soltá-lo.” Você deve fazer exatamente o contrário. Se houver alguma dúvida na sua mente, ou na dele, diga-lhe que pense no assunto e volte depois. Se ele realmente assinar na linha pontilhada e, depois, você tiver algum motivo para supor que não ficou inteiramente satisfeito, você deve se oferecer imediatamente para rasgar o contrato.

Essa política, a Regra de Ouro, foi ensinada por Jesus, o mestre mais sábio e prático que existiu, e é *o segredo do êxito comercial.* É a verdadeira chave para a promoção de vendas.

Vendedor! Trate seu cliente exatamente como gostaria que ele o tratasse, caso as posições estivessem invertidas. Diga-lhe exatamente o que você gostaria de saber sobre a mercadoria, se fosse você o comprador. Se agir assim, o universo inteiro cooperará para fazer da sua carreira comercial um êxito retumbante.

# A última hora

Algumas demonstrações maravilhosas ocorrem na última hora. Outras, mais profundas e de maior alcance, ocorrem ainda mais tarde... se você mantém a atitude mental correta.

O que é, afinal de contas, um tratamento? É simplesmente o estabelecimento de uma atitude mental correta e nova, em contraste com a atitude mental antiga e incorreta que causou o problema. É conhecer a Verdade da Existência, em vez de aceitar o erro.

Muitas pessoas têm consciência disso e agem de maneira certa – durante algum tempo. Se, todavia, a demonstração ainda não chegou um pouco antes da última hora, elas desistem, cheias de desespero e, naturalmente, a sua oração não é atendida. Porém, isso apenas significa que elas realmente não acreditam nas declarações da Verdade que estão fazendo. O pensamento real delas é: "Essas coisas são verdadeiras, se eu conseguir logo o que estou querendo" e, é claro, isso equivale a dizer que não são verdadeiras.

Se as suas declarações da Verdade são verdadeiras, são verdadeiras quer você resolva um determinado problema ou não. E são verdadeiras quer a vitória venha cedo, tarde ou na última hora.

Afirme a Verdade da Existência que diz respeito ao problema. Creia que é verdadeira, não importa o que aconteça. Atenha-se a ela, mesmo depois de ter chegado aos momentos finais, e ficará surpreso ao ver o bem fantástico que poderá vir ao seu encontro na última hora.

# Por que isso aconteceu?

O que o homem planta é o que colherá, diz a Bíblia. Isso quer dizer que se plantarmos pensamentos de saúde e harmonia colheremos segundo o que plantamos; se plantarmos pensamentos de doença, medo e inimizade, colheremos tais coisas. Plantar um pensamento, no sentido bíblico, significa acreditar nele integralmente; e são as nossas crenças integrais que manifestamos.

Você pode dizer que tem um amigo ou parente que está acamado, sofrendo de uma moléstia, ou que foi vítima de grave acidente, e você quer saber por que uma coisa dessas foi acontecer com ele. Diz que sabe que ele é um esplêndido cristão, um homem bondoso e generoso. Por que Deus não faz algo por ele?

Tal pergunta ilustra perfeitamente a má interpretação de uma Verdade metafísica que afeta muita gente. A Grande Lei diz que manifestamos aquilo em que acreditamos. Bem, seu amigo é sem dúvida um excelente sujeito em vários aspectos, e por esse motivo receberá a sua recompensa natural, porém ele acredita na realidade da sua doença. Acredita que seu pulmão, coração ou outra parte qualquer do seu corpo, é um objeto material com leis próprias, independente do seu pensamento, e sujeito a essa moléstia.

É nisso que ele crê e, naturalmente, é isso que manifesta. Quando parar de acreditar em tais coisas, quando acreditar que seu corpo é espiritual e que a doença não tem poder algum além do que ele lhe dá em pensamento, ficará curado.

Problemas de qualquer espécie são o sinal da natureza de que estamos pensando erradamente naquele sentido, e nada, exceto uma mudança de pensamento, pode nos libertar.

Manifestamos aquilo em que acreditamos.

# O quê? Cortar a minha própria garganta?

Um homem veio me procurar em Londres, cheio de grande aflição. Assistira a algumas palestras feitas por mim e queria um conselho.

Ele era dono de um armazém numa aldeia no sul da Inglaterra e, até o momento, não enfrentara nenhum competidor. Agora, uma das grandes cadeias de supermercados ia abrir uma filial quase em frente à sua loja, na rua principal, e ele estava à beira do pânico.

O pai e o avô tinham sido donos do armazém antes dele. Passara toda a vida naquela loja, morando no sobrado. Ele só conhecia sua loja. Disse-me:

– Como vou competir com eles? Estou arruinado.

Repliquei:

– Há anos você vem estudando a Verdade e conhece a Grande Lei. Sabe de onde vem o seu suprimento. Por que ter medo?

– Tenho que fazer alguma coisa.

– Ponha-se na sua loja todas as manhãs e abençoe-a, afirmando que o Poder Divino age através dela para uma maior prosperidade e paz para todos os envolvidos. – Ele balançou a cabeça, concordando. Continuei: – Depois vá para a calçada, olhe para o local onde estão construindo a nova loja e a abençoe da mesma maneira.

– O quê? Cortar a minha própria garganta? – quase berrou ele. – Devo ajudá-los, em detrimento de mim mesmo?

Expliquei-lhe que aquele que abençoa uma coisa abençoa todas. Que o tratamento é criativo e aumenta os negócios – aumenta a prosperidade –, e que a única coisa que poderia empobrecê-lo seria o seu próprio medo. Disse-lhe que, na verdade, ele estava odiando o seu competidor (através do medo), que seu ódio poderia destruí-lo e que abençoar o "inimigo" era a maneira de se livrar do ódio. Terminei dizendo:

– Você não pode cortar a garganta com a oração, pode apenas melhorar tudo.

Levei algum tempo para persuadi-lo, mas ele finalmente entendeu e seguiu à risca o conselho. Quando voltei a encontrá-lo, dali a alguns anos, ele me falou que *seus negócios andavam melhores do que nunca*, desde o aparecimento do supermercado. E que também este parecia prosperar. Ele progredia e estava em paz.

Foi isso que Jesus quis dizer quando falou: "Amai vossos inimigos."

# O jantar do gafanhoto

Você pode alterar o passado. Não há necessidade de lamentar os erros cometidos há horas ou até mesmo há muitos anos. Eles podem ser modificados.

Essa é uma afirmação provocante. Pode parecer loucura ao leitor desavisado, mas o estudante de metafísica a aceitará porque sabe que o que chamamos de tempo não é uma realidade.

A perfeita harmonia é a Lei da Existência. Nada poderá alterar isso. Qualquer mal aparente, qualquer erro cometido por você ou por outra pessoa é apenas uma crença falsa (muitas vezes terrivelmente real na aparência mas, ainda assim, uma crença falsa), uma espécie de sonho. Só o que existe dele é a crença no seu pensamento e no de certas pessoas.

Se você destruir essa crença em si mesmo pela percepção de que somente a ação de Deus se realizou onde parecia haver o erro, obterá certos resultados.

Esquecerá tudo sobre o erro. Todas as pessoas que o conhecem também o esquecerão. Todas as possíveis consequências desse erro desaparecerão e tudo será como se a tal coisa nunca tivesse ocorrido. Quem quer que tenha cometido o erro jamais desejará cometer tal erro de novo. A coisa toda terá desaparecido da mente de todos e será *inexistente.*

Você verá que isso é "o perdão dos pecados". Aqui, naturalmente, a palavra "pecado" se refere a qualquer tipo de erro que se possa cometer.

As colheitas (os anos) que o gafanhoto devorou são uma crença falsa do momento presente. O próprio gafanhoto não passa do seu pensamento errôneo, e o jantar dele também é um pensamento errôneo. Você é o Espírito Divino e a sua vida está oculta com Cristo em Deus.

Esta é a Boa-Nova

# Fazendo os seus sonhos tornarem-se realidade

A maioria das pessoas entrega-se a alguma forma de fantasia ou de "sonhar acordado", de quando em vez. Não há mal nisso, desde que o tempo devotado a isso não seja demasiado, mas o importante é cuidar para que tais devaneios sejam basicamente *positivos e construtivos.* Você está sempre pensando, quando não está dormindo, e sabe que é nessa seleção de pensamentos que reside o seu destino.

Não deixe que seus sonhos fantasiosos tomem a forma de uma fuga da realidade. Isso é fugir dos seus problemas. É uma evasão covarde, tal como drogar-se. Um devaneio é uma evasão quando consiste em fantasiar algo agradável mas que, no entanto, você acredita que não pode nunca acontecer, porque seria bom demais para ser verdade. Um devaneio desse tipo é um desperdício de tempo e de energia da alma, e debilita todo o caráter. Ficar sentimentalizando o passado irrecuperável se encaixa no mesmo quadro.

Algumas pessoas fantasiam todo o tipo de coisas desagradáveis que lhes possa acontecer. Ensaiam mentalmente brigas imaginárias, injustiças imaginárias, acidentes e desgraças de todo o tipo. E como acreditam, e com muita força, que tais coisas podem lhe acontecer e que provavelmente lhe acontecerão, e como o pensamento é criativo, acabam realmente atraindo tais coisas.

Cuide para que seus devaneios sejam apenas sobre aquilo que você realmente gostaria que acontecesse na sua vida. Você sabe que qualquer coisa boa é possível. Lembre-se do poder criativo do pensamento... e *seus sonhos fantasiosos se tornarão realidade* – para seu grande proveito.

# Não morto, mas adormecido

Na maioria dos quartos de hotel se encontra um cartaz que diz: "Não perturbe." Basta que o hóspede o pendure ao lado de fora da porta do seu quarto e ficará livre de qualquer tipo de interrupção. Pode dormir em paz pelo tempo que desejar.

Algumas pessoas parecem ter pendurado um cartaz desses no cérebro, e se ressentem profundamente de qualquer ideia nova ou até mesmo de um modo novo e melhor de encarar situações já conhecidas. Na verdade, pode-se quase dizer que tais pessoas consideram uma ideia nova de qualquer espécie como um insulto pessoal.

Passam a vida cochilando numa espécie de semicoma, repetindo mecanicamente as ideias e frases gastas do passado, vezes sem conta, interminavelmente. *Não mortos, mas adormecidos*, bem se poderia dizer deles e, na verdade, a sua consciência é um cemitério mental.

Se você anda dormindo desse jeito, numa cova de ideias defuntas e preconceitos ultrapassados, dê um jeito nisso, esfregue os olhos para espantar o sono mental e viva hoje nas ideias vivas do presente.

Agora é o dia da salvação. Comece hoje mesmo a cuidar de pelo menos uma parte importante da sua vida de uma maneira nova. Rompa hoje ao menos uma amarra enferrujada, e tão logo esse processo comece, você se espantará ao ver até onde pode ir, e que coisas maravilhosas alcançará.

*Acordai, vós que dormis! Levantai dentre os mortos e Cristo vos iluminará!* (Epístola de São Paulo aos Efésios 5:14)

# O unicórnio

*Quererá servir-vos o unicórnio, ou quererá passar a noite em vosso estábulo? Poreis uma corda em seu pescoço, ou fenderá ele atrás de vós os vossos sulcos?*

Jó 39:9-10

Enquanto insistirmos em dizer a Deus o que Ele deve fazer, não poderemos esperar grande coisa de nossas orações. Quando damos ordens a Deus, estamos usando apenas nosso intelecto e vontade, e como podem eles fazer-nos melhores do que já somos?

Os problemas de um homem nascem de alguma falha dentro dele – e como pode a mesma pessoa que produziu os problemas superá-los?

O boi, a mula, até mesmo o burro, puxarão obedientemente o seu arado e a sua carroça, levando-os exatamente aonde você deseja que os levem. Mas você tem que saber onde fica o lugar e como chegar lá.

O unicórnio não fará serviços. Não puxará carroça ou girará a roda do moinho. Não seguirá uma rota traçada... não acatará ordens.

O unicórnio sabe aonde está indo e é sempre a um lugar que você não escolheria, porque o desconhece. Na sua presente percepção, nem sonharia que tal lugar existisse.

Apesar disso, tais lugares existem e o unicórnio os conhece, e não se interessa por eles. Algum dia poderá acontecer, provavelmente quando você menos esperar, que o unicórnio surja ao seu lado, os olhos faiscando, as narinas vibrando, escarvando o chão com impaciência. Quando isso acontecer, não tente passar-lhe uma corda ao pescoço, nem procurar um serviço para que ele faça. Ele não o fará e nem haverá tempo para tal. Assim como ele apareceu, ele desaparecerá de novo. Portanto não pare para pensar duas vezes, nem se volte para olhar para trás. Salte sobre o seu lombo, pois ele é um ginete voador e agitará as asas em direção aos portais da manhã.

Nessa cavalgada os problemas não são solucionados – *eles desaparecem.*

# Não viole sepulturas

Não seja um ladrão de sepulturas. Deixe os cadáveres em paz. No seu devido tempo a Natureza se encarregará desses despojos, se não forem perturbados.

Cada vez que você desenterra uma antiga queixa ou erro, revivendo-os na sua mente, ou, o que é pior, falando neles com alguém, você está simplesmente violando uma sepultura – e sabe bem o que pode encontrar.

Viva o presente. Ore pelos problemas atuais. Prepare-se inteligentemente para o futuro – e deixe o passado em paz. Foi isso o que Jesus disse quando falou: "Que os mortos enterrem seus mortos." Pensar no passado é a morte. Cada vez que você faz isso, fortalece naquela exata medida a sua crença na limitação do tempo, e se torna mais velho e mais fraco.

Deus falou: "Agora, é o dia da salvação. Olhai, renovo todas as coisas" – e Deus é quem sabe.

Faça hoje uma lei para si mesmo de que não vai tocar mentalmente em qualquer coisa negativa que tenha acontecido até o presente momento – e cumpra-a.

A vida é preciosa demais para se roubar em sepulturas. O passado é passado – *liquide-o.* Este é o grande segredo de lidar com injustiças, erros e desapontamentos – *liquide-os.* Você simplesmente faz isso anulando-os na sua mente e recusando-se a considerar que eles têm qualquer existência presente.

Se uma lembrança negativa vem à sua mente, creme-a com o pensamento certo (o fogo do Amor Divino) e esqueça-a.

Como o presente é tão emocionante e interessante, e como o futuro é tão glorioso quanto você o queira fazer, você é um tolo em gastar a sua substância anímica naquilo que realmente está morto.

*Não viole sepulturas.*

# As duas “spirações”

Já ouviu contar a história das duas “spirações”? São essenciais para qualquer tipo de realização válida. Se qualquer uma delas estiver faltando, o empreendimento está destinado a fracassar, e se você não tem conseguido que sua vida seja o sucesso que gostaria que fosse, deve colocar mãos à obra e descobrir qual das duas anda faltando.

Estou certo de que nem é necessário dizer-lhe que as duas “spirações” no caso são a *inspiração* e a *transpiração*. Essas gêmeas potentes são as madrinhas de toda a verdadeira atividade.

Primeiro, é preciso *inspiração*. “A não ser que o Senhor construa esta casa, aqueles que a constroem trabalham em vão; a não ser que o Senhor guarde a cidade, o vigia fica acordado em vão.” (Salmo 127:1) É preciso ter a primeira madrinha. Apenas o trabalho árduo, a labuta cega, o esforço violento, não trarão o sucesso. Poderão até matá-lo, mas não trarão o sucesso. É preciso ter a *inspiração* regular.

Em segundo lugar vem a outra madrinha, a *transpiração*. Não existe êxito sem um trabalho árduo e perseverante em direção ao seu objetivo.

Aos jovens, especialmente, eu digo: não existe êxito sem o trabalho árduo. Recentemente, ouvi um dos maiores músicos vivos se dirigir a uma turma de estudantes de música. Ele falou:

– Não conheço nenhum caminho para o sucesso, exceto o trabalho árduo. Se é que existe tal caminho, eu o desconheço.

E ele está no topo da sua profissão.

Quando o ouvi falar, acrescentei mentalmente: “Trabalhe de maneira árdua... mas não se mate de trabalhar.”

Entre em contato com Deus diariamente, buscando inspiração. Depois trabalhe arduamente, mas *fingindo que é lazer.*

Essa é a receita infalível para o êxito em qualquer ramo de atividade.

# A canção de Deus

Quem é você? Alguma vez já se fez tal pergunta? Provavelmente, não. Tal pergunta pareceria absurda porque você sempre se fiou muito na sua identidade. Se outra pessoa qualquer lhe tivesse feito essa pergunta, você teria respondido: "Sou John Smith, moro em tal endereço, tenho tantos anos, sou filho de Henry Smith e trabalho nisso assim-assim." E ainda poderia acrescentar que fazia parte de tal igreja e de tal partido político.

Bom, essas afirmações são bastante corretas, digamos assim, como descrição da imagem que você está projetando no momento presente. Mas – e aqui a coisa pega – é apenas uma imagem. É apenas uma dramatização das suas crenças sinceras a seu respeito. Não é o seu eu verdadeiro, é somente um símbolo instável e passageiro da sua atitude mental corrente, nada mais.

O seu eu verdadeiro é um ser espiritual, perfeito, eterno e incorruptível. O seu eu verdadeiro é a expressão viva do Próprio Deus, expressando, potencialmente, todas as qualidades de Deus. "À Sua imagem e semelhança."

O que é o homem? É parte da autoexpressão de Deus. Deus canta uma canção, e esta canção é o homem. Uma canção, como você sabe, expressa toda a natureza do cantor. O instrumento do cantor não é apenas as cordas vocais; é todo o seu corpo e toda a sua mente. Se o cantor estiver doente, cansado ou irado, tais coisas aparecerão na canção. Se seu coração estiver cheio de alegria e beleza e Amor Divino, também essas coisas serão expressas na canção. O homem é a canção do Cantor Divino c a harmonia celestial é a sua natureza.

Por que Deus canta uma canção? Pelo simples prazer, não por nenhum motivo inconfesso, ou por qualquer tipo de lucro ou vantagem. Deus se expressa pelo puro prazer de viver – porque Ele é Deus.

Essa é a Verdade Real ou absoluta, mas é tarefa nossa demonstrá-la, convertê-la em realidade prática, transformar a imagem limitada que *vemos* na Verdade gloriosa que *conhecemos*. Fazemos isso apenas permitindo que Deus o faça através de nós.

*Eu disse: Vós sois deuses; e todos sois filhos do Altíssimo.* (Salmo 82:6; João 10:34.)

# Fugindo da vida

A doutrina espiritual nos ensina a não remoer nossas dificuldades mas, em vez disso, perceber a Presença de Deus onde parecem estar as dificuldades. E descobrimos que um pouco de prática nos permite agir assim sem grande esforço.

Um ou dois de nossos críticos sugeriram que essa política é "fugir da vida".

Será? Vejamos.

Suponha que você se encontre dentro de um quarto numa casa que esteja pegando fogo. O que faria? Nem é preciso dizer que deixaria o prédio com a máxima rapidez possível.

Bem, isso seria fugir da vida? Não seria, ao invés disso, buscar a vida? Claro que sim.

Doença, pecado, medo, limitação – tais coisas não são vida – são uma morte parcial. E devem ser superadas voltando-nos para a vida, que é a divina harmonia.

Aprendemos com o sofrimento? Sim, muitas vezes. E algumas pessoas só aprendem assim. Porém, ainda aprendemos *superando* e não encorajando ou aceitando a coisa negativa. O homem que aceita o seu problema "resignadamente" não está aprendendo. Está se encharcando de mais erros.

Remoer as coisas negativas, não importa sob qual pretexto, é fabricar ainda mais dificuldades. Afastar-se do mal e perceber Deus é aperfeiçoar-se e libertar-se, ajudar o mundo e glorificar Deus. A Chave de Ouro é a chave para a liberdade.

*Volvei-vos para Mim e sereis salvos, todos os confins da terra.* (Isaías 45:22)

# Não resistência

Quando você luta contra uma coisa, antagoniza-a e ela retribui o golpe. Quanto mais você luta, mas ela golpeia.

O que você negligencia ou, melhor ainda, ignora começa a se desvanecer ou morrer de inanição.

Quando você dedica a sua atenção a alguma coisa, está impregnando a sua consciência dela, para o bem ou para o mal.

Quando depara com alguma condição negativa na vida, o meio científico de lidar com ela é afastá-la da sua atenção, impregnando a sua consciência do oposto dessa condição; depois que o tiver feito, a tal coisa indesejável se esborracha como uma fruta madura demais.

Conta-se uma história maravilhosa sobre William Penn. Desde rapaz fora acostumado a carregar uma espada o tempo todo, porque fazia parte do vestuário de um cavalheiro, na época. Certo dia, ocorreu-lhe que isso era incompatível com a sua fé quacre. Por outro lado, sabia que ia se sentir muito constrangido se andasse sem ela.

Consultou George Fox, sem ter dúvidas de que seu líder diria: "É uma coisa ruim. Deve parar de usá-la."

George Fox, todavia, não se pronunciou desta forma. Ficou calado por alguns momentos, depois disse:

– Carregai a vossa espada até não poderdes mais carregá-la.

Dali a mais ou menos um ano Penn passou a sentir que carregá-la seria mais embaraçoso do que andar sem ela, e quebrou o hábito com bastante facilidade.

Não arranque fora as muletas alheias (ou as suas próprias). Quando não forem mais necessárias, elas cairão por si só. Dissolva a necessidade.

Não lute contra o seu reumatismo, a sua dívida, o seu emprego desagradável, ou até mesmo a sua língua viperina (se é que a tem). Impregne a sua consciência de saúde, prosperidade, harmonia, bom humor e as coisas indesejáveis desaparecerão.

Releia a Epístola de São Paulo aos Filipenses 4:8.

## Um tratamento da Bíblia

A Bíblia está cheia de orações e tratamentos poderosos. Alguns dos capítulos mais conhecidos são, na verdade, tratamentos para a cura e a inspiração. Os Salmos 23, 91 e 27, por exemplo, estão nesse caso. Você provavelmente conhece de cor esses salmos há muitos anos, mas o meio de usá-los com eficácia é lê-los cuidadosamente, tentando extrair algo de novo de cada versículo.

Essa obtenção de algo novo é o tratamento, e com frequência acarreta uma demonstração quase que imediata.

Obter uma coisa nova dessa maneira é, na verdade, *uma expansão da consciência* e é esta expansão da consciência que traz resultados.

*Ele enviou a Sua palavra e os curou.* (Salmo 107:20)

# A oração realmente muda as coisas

A oração realmente muda as coisas. Sejamos bem claros a respeito. *A oração realmente muda as coisas.* Muitas pessoas dizem que a oração é algo bom porque nos dá coragem e forças para enfrentar nossas dificuldades. Dizem que a oração, muitas vezes, tira um homem de dificuldades simplesmente porque lhe dá a autoconfiança que, em outras circunstâncias, lhe faltaria.

Naturalmente, isso não é a Verdade espiritual. A verdade é que a Oração Científica – que é ver a Presença de Deus onde parece estar o problema – não nos dá meramente a coragem para enfrentar o problema. Transforma o problema em harmonia.

A oração cura o corpo modificando os tecidos, e o faz modificando primeiro a mente que os forma.

A oração modifica o meio ambiente através de uma alteração real, não meramente alterando a nossa atitude com relação a ele.

A oração traz a salvação ao homem *modificando* fundamentalmente *a sua natureza*, não aproveitando nada do que ele é.

A oração abre o caminho para coisas novas e melhores. Não remenda as coisas velhas.

O corpo, o meio ambiente, o próprio universo são plástico moldável ao nosso pensamento, e refletem sempre a nossa crença sincera.

*Pois ele se mostra segundo pensa no seu coração.* (Provérbios 23:7)

# A embalagem e o cereal

O seu produto é o que importa. Todo o resto é secundário. Se o seu trabalho é excelente, a batalha está praticamente ganha. Se a coisa que você está oferecendo ao mundo vale a pena, o mundo está pronto para recebê-la, e recompensá-lo liberalmente. Se o que você oferecer a Deus valer a pena para Ele, Deus irá aceitar e o recompensará até o infinito.

Os cereais em pacote estão entre os artigos mais comuns nas lojas hoje em dia, e ilustram muito bem a lei de que estamos tratando. Uma marca bem-sucedida tem sempre duas características – o cereal em si é excelente, e é colocado numa embalagem adequada e atraente. Repare nesses dois aspectos e veja que o primeiro deles é, de longe, o mais importante, embora o segundo não possa ser negligenciado de forma alguma.

O cereal é bom. É o que alega ser. Não é uma ilusão.

Em segundo lugar, a embalagem é adequada e atraente. Embora o cereal seja excelente, se fosse oferecido ao público somente em grandes sacos ou caixas de madeira (apresentação inadequada), não teria êxito. E se a embalagem tivesse uma aparência suja ou feia, com dizeres mal escritos e manchados, o resultado seria o fracasso, independente do valor do produto.

Na prática, contudo, raramente se coloca um cereal muito bom numa embalagem feia. O erro mais comum é exatamente o oposto. Muitas pessoas pensam que podem impingir aos outros um cereal ruim, se fizer com que a embalagem seja suficientemente atraente. E, com tal finalidade em mente, devotam toda a sua energia à decoração da embalagem, negligenciando o cereal que esta lá dentro.

Tais pessoas acreditam que uma técnica de vendas caprichada é mais importante que uma boa mercadoria. Acham que blefar e fingir pode tomar o lugar da boa qualidade. Dão a si mesmos ares importantes ou títulos e descrições empolados, depois acham que isso pode tomar o lugar de uma realização sólida.

Naturalmente, trata-se de uma falácia patética. Tais pessoas estão devotando toda a sua energia à embalagem e estão ignorando o produto. E, num caso desses, nenhuma política teve êxito permanente ou até mesmo durou muito tempo.

Concentre a sua atenção no cereal. Não deixe de tornar a embalagem atraente, mas não se esqueça de que é o produto dentro do pacote que importa. O seu êxito dependerá, em última análise, do cereal.

*Tudo o que a vossa mão encontra para fazer, fazei-o com todas as vossas faculdades.* (Eclesiastes 9:10)

## Apenas começou

A raça humana está saindo da infância. Os seus grandes dias ainda estão por vir. Hoje ela corresponde a uma criança de 12 ou 13 anos de idade.

Os cientistas acham que o homem está na Terra há um milhão de anos, mas esta é uma tese conservadora. Ele está na Terra há muito mais do que isso, e as civilizações existem há dezenas de milhares de anos – a maioria delas agora esquecida, os seus restos perdidos sob oceanos, sob desertos, até sob montanhas. Apesar disso, a raça ainda está na infância.

Os grandes dias ainda estão por vir. Todas as grandes realizações da raça humana ainda não ocorreram. A música do futuro sobrepujará a dos grandes nomes de hoje – Beethoven, Mozart e Bach –, assim como eles sobrepujaram o bater dos tambores primitivos. A literatura que será produzido fará com que Shakespeare e os outros grandes luminares da nossa civilização pareçam contadores de histórias para crianças. A arte da Grécia, que ainda não foi igualada, será até mesmo sobrepujada por novas ondas de inspiração espiritual.

Os nossos grandes feitos de engenharia de hoje, nossas pontes e represas, nossos aviões velocíssimos, a eletrônica, serão como brinquedos em comparação com a engenharia do futuro.

Acima de tudo, a compreensão humana das coisas espirituais crescerá em proporções geométricas. E os gênios religiosos de eras passadas serão como pigmeus em comparação com os líderes espirituais do futuro.

Volte os olhos para o futuro. O melhor ainda está por vir.

*Sois vós que atais os laços doces das Plêiades, ou que desatais as correntes de Órion?* (Jó 38:31)

# O tapete persa

Aqueles que ficam perplexos com as dificuldades e aparentes inconsistências da vida devem lembrar-se de que, no momento, temos apenas uma visão parcial das coisas, e que uma visão parcial de qualquer coisa jamais mostra como ela realmente é. A toda hora vemos apenas uma secção particular do todo, e mesmo assim esta é vista imperfeitamente, através da nossa falta de compreensão.

Se alguém mostrasse a um esquimó diversas fotos de partes de um cavalo, e nunca o cavalo inteiro, ele jamais saberia realmente como é o animal.

A velha comparação do tapete persa é excelente. Diz-se que, se víssemos apenas o lado do avesso de um desses tapetes, ele aparentaria ser uma confusão sem sentido de linhas e cores, sem beleza ou lógica. Isso, contudo, é apenas porque não estávamos com a chave do segredo. Bastava virar o tapete para vê-lo pelo lado direito, quando então reconheceríamos o padrão e perceberíamos que aqueles fios caóticos, na verdade, faziam um todo belo e consistente.

Com a vida é a mesma coisa. Algum dia (quando tivermos suficiente crescimento espiritual) passaremos a enxergar que os vários fios que formam as nossas vidas, os acontecimentos aparentemente sem sentido e os supostos acidentes são, na realidade, parte de um padrão belo e ordenado, a trama e urdidura de algo esplêndido que estamos tecendo constantemente para Deus.

*Não julgueis segundo a aparência, porém julgai um julgamento justo.* (João 7:24)

# Uma classe adiantada

Muita gente gostaria de frequentar o que se chama uma classe adiantada em metafísica. Vale a pena analisar brevemente tal ideia. O que existiria num curso adiantado que não faz parte de aulas comuns?

As aulas habituais de metafísica ensinam que Deus é o único poder e que o mal é insubstancial; que formamos nosso próprio destino por nossos pensamentos e crenças; que as condições não têm importância, quando oramos; que o tempo, o espaço e a matéria são ilusões humanas; que há uma solução para cada problema; que o homem é filho de Deus, e que Deus é o bem perfeito; que Jesus Cristo é aquele que ensinou a verdade integral sobre Deus e a demonstrou.

Tão logo o estudante tenha obtido uma compreensão intelectual correta de tais fatos, e os tenha absorvido – ao menos parcialmente –, a única coisa que lhe resta fazer é desenvolver a sua compreensão, demonstrando-os na prática. Essa, naturalmente, é a tarefa com que todos nos deparamos.

Assim, vemos que o verdadeiro curso adiantado é *aquele que damos a nós mesmos pela demonstração* dos problemas práticos da vida diária, pela obtenção da saúde, harmonia e liberdade.

Cada vez que superamos uma dificuldade aprendendo a Verdade sobre ela, Deus nos ensina algo novo e de valor inestimável, que não podia ter sido expresso em palavras ou num livro.

Todos devíamos estar frequentando a classe adiantada neste momento, por meio da prática regular e constante da Presença de Deus.

*A fé sem obras é estéril.* (Tiago 2:20)

# Não lute

Na oração ou tratamento (como na maioria das coisas) quanto menos esforço você fizer, melhor. Na verdade, *o esforço derrota a si mesmo.* Ore suave, docemente, sem tensão.

Quando uma pessoa tenta nadar pela primeira vez, quase sempre começa se debatendo violentamente na água nos seus esforços para manter-se à tona. Claro que isso é errado. O resultado é que só se esgota e não dá uma braçada.

Mais tarde, quando um instrutor eficiente lhe mostra como fazê-lo, ela entra na água e, com alguns movimentos suaves, quase sem esforço, logo chega ao outro extremo da piscina. Depois disso, é apenas uma questão de tempo e prática para que se torne uma nadadora exímia.

O mesmo acontece com o tratamento. Volte-se suavemente para Deus, com fé e confiança, e afirme que Ele está abrindo o seu caminho ou resolvendo aquele determinado problema da melhor maneira. Que sua oração seja uma visita sem pressa a Deus. Lembre a si mesmo que Ele gosta de você e que para Ele não há o impossível. Depois agradeça e espere os resultados.

*Pois aquele que invocar o nome do Senhor será salvo.*
(Epístola de São Paulo aos Romanos 10:13)

# Sete observações sobre a oração

Quando você ora, liga a tomada na Casa de Força.

A oração diária, quando estabelecida como hábito, torna-se uma linha vital de comunicações inquebrantável.

A oração mais forte de todas é uma comunicação desinteressada com Deus.

Quando a oração se torna uma carga, ou mesmo um dever, está na hora de desistir.

Se você está preocupado ou se sua mente parece embotada, tente correr os olhos pela Bíblia, ou por seu livro espiritual predileto.

Seja receptivo a Deus. Não fique sempre a Lhe dizer as coisas. "Aquietai-vos e sabei que Eu sou Deus."

Ore suavemente. Não tente apressar o Senhor. Se puder se libertar desse sentimento de urgência, as suas manifestações virão muito mais rapidamente.

# O rei Herodes

Todas as histórias da Bíblia são uma parábola, apesar da maioria, é claro, ser também histórica. Tomemos a história do Rei Herodes. Ele temia que um rei rival crescesse no seu reino e lhe tomasse o trono. Sabia também que poderia ser muito tarde para lutar contra tal rei quando este estivesse criado e estabelecido. Portanto, decidiu eliminar todos os possíveis rivais enquanto ainda eram bebezinhos.

Essa história horrível é uma lição para nós, se for invertida e encarada da maneira certa, pois demonstra como devemos lidar com os pensamentos negativos.

Quando um pensamento negativo - medo de alguma coisa, uma dúvida, algum ressentimento ou condenação - surgir na sua mente, *cuide dele imediatamente*. Corte-lhe fora a cabeça sem mais delongas. Não deixe que cresça e talvez ameace o seu domínio e, mesmo que por algum tempo, o derrote. Destrua-o na infância.

Isso é ser o Rei Herodes para a glória de Deus e é o curso da mais alta sabedoria.

Quando surge um pensamento negativo, os primeiros segundos são de ouro. Não dê ao mal nem mesmo um minuto para crescer no seu pensamento... corte-lhe a cabeça quando ainda for bebê e preserve a segurança do seu trono.

Nunca discuta com as insinuações falsas - corte-lhes a cabeça.

# Baixe o seu balde

Vivemos na Presença de Deus. A Bíblia diz! "N'Ele vivemos, e nos movemos e existimos." Esse poder ilimitado, que é Inteligência e Amor – Deus –, pode ser contatado a qualquer hora, se nos voltarmos para Ele em pensamento e permitirmos que Ele preencha nossos corações. Sempre que fizermos isso Ele começará a influir nas nossas vidas para a paz, a harmonia e a liberdade.

O homem desgasta-se na busca das coisas externas, quando a sua salvação reside na descoberta do *interior*.

É muito frequente pensarmos na nossa salvação como sendo uma maior ou menor distância à frente de onde estamos agora, quando, na realidade, ela está bem aqui, ou em lugar algum.

Vale a pena recontar uma velha história. Um grupo de náufragos ficara à deriva num bote, no Oceano Atlântico. Eles não tinham água e estavam sofrendo horrores com a sede. De repente, depararam com outro pequeno barco a curta distância, e quando os náufragos gritaram pedindo água, os recém-chegados disseram:

– Baixem o seu balde.

Aquilo lhes pareceu um deboche cruel. Porém, depois que o conselho foi repetido diversas vezes, um dos náufragos mergulhou o balde no mar... e retirou água limpa, pura, doce!

Há dias que navegavam pela água doce sem o saberem. Estavam longe da costa, mas próximos ao estuário do Amazonas, que leva água doce ao mar, por muitos quilômetros.

Vale a pena mencionar essa história porque expressa lindamente a experiência de muitas pessoas que procuram em vão o bem que está, insuspeitado e despercebido, à sua volta.

*Mais próximo está Ele do que a respiração; mais perto do que as mãos e os pés.* (Tennyson)

## Descarregue esse camelo

Jesus disse que é mais fácil um camelo passar pelo buraco da agulha do que o rico entrar no reino dos céus (Mateus 19:24; Marcos 10:25; Lucas 18:25).

Aqueles que entendem a ideia espiritual sabem que Jesus não se importou muito com a questão de quantos bens terrenos o homem tinha ou não; o que lhe interessava era a atitude mental do homem com relação a eles e à vida em geral.

Se você está contando com qualquer outra coisa exceto o sentido da Presença de Deus, é um tolo no sentido bíblico da palavra. Se está contando com o seu próprio dinheiro, a sua posição, os seus amigos, o seu conhecimento humano ou sua esperteza, é um tolo porque essas coisas irão atraiçoá-lo, mais cedo ou mais tarde.

Conhecimento, propriedade, amigos, posição, tudo isso é bom, desde que você cuide para possuí-los, mas que eles não possuam você. Porém, se você quer o Reino de Deus, deve estar preparado para retirar deles a sua *fé* e colocá-la onde achar conveniente.

O símile empregado por Jesus era bem explícito para seus ouvintes. Naquela época, todas as cidades importantes eram cercadas por um muro defensivo. Nesse muro havia um grande portão que se fechava ao entardecer e ficava sob guarda armada, para o caso de um ataque súbito. Em geral, contudo, havia sempre uma portinhola baixa aberta no portão para que os viajantes aprovados pudessem entrar e sair a qualquer hora. Essa porta baixa era chamada de buraco da agulha. Quando um camelo carregado chegava após o pôr do sol, a única maneira de entrar na cidade era ter toda a sua mercadoria descarregada, pôr-se de joelhos e espremer-se pelo buraco da agulha para entrar na cidade.

Descarregue o seu camelo se quiser entrar no Reino dos Céus. Você consegue isso, naturalmente, não se livrando das condições em si, mas livrando-se do seu senso de dependência delas.

Muitas vezes você se sentirá tão feliz por estar sem um bocado daquela mercadoria, que jamais irá recolocá-la no lugar.

*Buscai primeiro o reino de Deus.* (Mateus 6:33)

# Nosso irmão mais velho

Jesus Cristo estava infinitamente além de nós no grau de seu desenvolvimento, mas não era diferente de nós, *na sua natureza*. Era um ser humano, "sujeito como todos nós a tentações". (Epístola aos Hebreus 4:15) É o nosso irmão mais velho que veio à terra para nos mostrar o caminho e, pela sua própria demonstração, nos tornar possível segui-lo. Porém, era humano como nós.

É isso o que lhe dá sentido e importância. Se ele fosse um deus não pertencente à espécie, sua vida e obra não teriam significado para nós. Que um deus tenha feito algo sem precedentes não seria surpresa, e nem poderia ter qualquer influência na minha vida. Quando, contudo, eu sei que foi um ser humano que fez essas coisas esplêndidas e que disse que eu também poderia fazê-las, se seguisse os seus passos e pagasse o preço, encho-me de interesse e encorajamento e quero colocar meus pés na sua trilha.

Não dizemos que Jesus não foi Deus. Dizemos que ele foi Deus, mas que você e eu também somos. Somos fagulhas do Divino e, portanto, deuses em estado embrionário. E não importa o quão débeis ou indignos possamos nos sentir hoje, sabemos que, com compreensão e prática, com fé e fidelidade, é apenas uma questão de tempo – não importa quanto. Alguns mestres religiosos dizem que Deus é Deus e Jesus apenas o melhor dos homens, deste modo colocando um abismo entre eles, porém, nós negamos o abismo e dizemos que, fundamentalmente e na nossa verdadeira natureza, somos todos unos em relação a Deus.

*Eu disse Vós sois todos deuses.* (João 10:34)

# Cura espiritual

A percepção da Presença de Deus curará o corpo e resolverá um problema. A maioria das pessoas não se dá conta disso, mas é verdade.

Se você puder *perceber* a Presença de Deus quando, anteriormente, estava pensando num órgão doente, por exemplo, o órgão em questão começará a sarar. Não faz diferença se você está agindo para si mesmo ou para outrem, ou a que distância a outra pessoa possa estar. A lei é a mesma. Na prática, a maioria das pessoas acha mais fácil curar dessa maneira os outros do que a si mesmas, mas não há um motivo real para isso ser assim, e deve-se treinar para superar tal deficiência.

Deve ficar claro que a *percepção* de Deus não apenas prepara o terreno para a cura – ela causa diretamente a cura.

A *percepção* de Deus é, naturalmente, uma questão de nível. Com um nível de percepção suficiente, a cura será instantânea. Com um nível menor ela será um pouco mais lenta.

Não é com frequência, contudo, que se consegue um nível de percepção suficiente para curar num único tratamento. O que acontece é que o processo é repetido várias vezes, dia após dia, conforme seja necessário, com o paciente melhorando até que, finalmente, aconteça a cura.

Esse não é o único método de se agir, mas é o mais elevado. À medida que progredimos na Verdade descobrimos que o número de percepções necessárias se torna cada vez menor.

Um tratamento desses pode durar apenas alguns segundos, ou pode durar muito tempo, segundo o temperamento de quem o aplica e as condições particulares do caso. Porém, não é o tempo que conta, é o nível de percepção alcançada.

# A vida é assim

Você forma certas crenças, por um motivo ou outro – depois tem que viver com elas.

Enquanto você crescia, pessoas bem-intencionadas o advertiram de muitas coisas, de maneira negativa, implantando-lhe o medo. E esse medo ainda está com você hoje, no plano consciente ou inconsciente.

Outros problemas você trouxe consigo quando nasceu.

Você depara com seus temores dramatizados. As coisas que tememos intimamente acabam aparecendo diante de nós através dos atos dos outros; das condições comerciais; de um colapso ou esgotamento de alguma parte do corpo, e assim por diante.

Graças a Deus não é necessário, via de regra, aprofundar-se nos recessos do subconsciente e desencavar essas coisas. Esse é o método empregado por certas formas de psicologia moderna. Na doutrina espiritual que a Bíblia nos oferece, aprendemos que, curando *espiritualmente* os sintomas (não, é claro, encobrindo os sintomas, porém *curando-os*), o medo ou a falsa sugestão que causou os sintomas desaparece também, e o paciente se liberta.

Ore diariamente por paz de espírito, por sabedoria e pela compreensão de Deus. Quando surgir alguma desarmonia em sua vida, faça-a desaparecer tratando-a com a percepção espiritual.

Quanto mais vezes você se comunicar com Deus, mesmo que seja apenas por alguns segundos de cada vez, mais felicidade terá na vida.

*Familiarizai-vos com Ele e estai em paz.* (Jó 22:21)

# A grande aliança da Bíblia

Uma aliança é um contrato. Quando duas pessoas fazem um contrato, isso significa que uma parte concorda em fazer determinadas coisas, desde que a outra parte também o faça. Assim, é um acordo mútuo.

A Bíblia tem muito a dizer sobre uma certa aliança - aliás, a palavra em si aparece mais de duzentas vezes na Bíblia - e é muito importante que compreendamos o que é esta aliança.

A aliança de que fala a Bíblia é um contrato que existe entre Deus e cada membro da raça humana. Deus diz que você pode ter saúde, liberdade, felicidade, verdadeira prosperidade, perfeita paz e crescimento espiritual constante - *desde que* se treine para ter somente pensamentos harmoniosos e para acreditar apenas na lei do bem.

Se você tiver apenas pensamentos bondosos, otimistas e construtivos, se disser apenas palavras positivas e prestativas, *a todas as horas*, se realizar apenas atos bons e construtivos, estará cumprindo a sua parte da grande aliança - e Deus não poderá deixar de cumprir a dele, em circunstância alguma.

Naturalmente, essa referência a uma aliança ou documento legal é apenas uma figura de estilo sob a qual a Bíblia explica a grande Lei psicológica e metafísica da Vida.

*Observareis, pois, as palavras desta aliança e as poreis em prática, para serdes bem-sucedidos em todas as vossas empresas.* (Deuteronômio 29:9)

# Alimentando e matando de fome

Diz-se que as criaturas vivas sempre seguem o seu alimento e isso sem dúvida é verdade. A fauna é rara, ou até inexistente, nas regiões onde é difícil obter comida. Por outro lado, todo tipo de vida prolifera onde o alimento é farto. Donas de casa desleixadas atraem ratos, camundongos e outras formas de vida inferior permitindo que sobras de comida se acumulem nos armários ou negligenciando na limpeza geral.

Os acontecimentos e experiências também são coisas vivas e também buscam e seguem o seu alimento. *O alimento dos acontecimentos é o pensamento.* Os seus pensamentos habituais nutrem as suas condições e fazem com que elas aumentem e se multipliquem.

Pensamentos medrosos – pessimistas e críticos – e pensamentos egoístas são o alimento da infelicidade, doença e fracasso. Quando você oferece esse alimento em abundância, tais elementos entram na sua vida – porque buscam o seu alimento.

Pensamentos de Deus, pensamentos de bondade, otimismo e boa vontade são o alimento da saúde, alegria e êxito. Se você lhes oferecer fartura de alimento, atrairá tais coisas.

Quando quiser tirar determinada condição da sua vida, *mate-a de fome*, recusando-se a dar-lhe o alimento que a nutre, e se surpreenderá ao ver a rapidez com que ela o abandonará. Seguirá bem depressa para outro lugar, onde poderá conseguir comida.

*Eu sou o pão da vida.* (João 6:35)

# Dê-me uma afirmação

Às vezes há gente que me pede uma afirmação, sob a impressão aparente de que repetir uma frase mágica lhe resolverá o problema - mas nada poderia estar mais longe da verdade.

O seu problema se deve a uma crença ou processo de pensamento errados. O único meio de se livrar do problema é mudar a sua crença ou inverter o falso processo de pensamento.

*O medo* está sempre presente onde existe a desarmonia, e uma afirmação somente não destruirá o medo. Você deve se recusar a ser intimidado pelo perigo aparente, seja ele qual for, e colocar a sua confiança no Amor de Deus. O medo, então, começará a desaparecer.

Quando você precisar de orientação para uma decisão importante, o meio de obtê-la é pensar e acreditar que Deus o está orientando e essa crença lhe trará orientação.

Uma afirmação é muitas vezes útil como *um lembrete* daquilo em que você vai acreditar, mas é a modificação do seu processo de pensar - do erro para a Verdade - que traz a manifestação e não apenas a repetição de uma frase.

*Quando orardes, não useis repetições vãs, como o fazem os pagãos.* (Mateus 6:7)

# A percepção é a chave

Existe uma grande diferença entre aquilo em que você realmente acredita e aquilo em que acha que deve acreditar, ou em que quer acreditar.

Você manifesta aquilo em que realmente acredita. As outras ideias não acontecem. Se algum dia você vier a acreditar nelas, elas então se manifestarão ou surgirão na prática na sua vida, porém nunca antes disso.

Não é de muita valia dizer que você sabe que uma coisa não o ferirá, se você o souber apenas intelectualmente. Se você *perceber*, nem que seja ligeiramente, que ela não pode feri-lo, a história é outra, mas apenas dizer de modo superficial que determinada coisa não pode atingi-lo, não basta.

Não basta dizer que você estará bem, a não ser que acredite nisso. Não basta dizer que Deus cuidará de você, a não ser que você perceba e acredite no que está dizendo, nem que seja em pequeno grau.

O único objetivo do tratamento espiritual é aumentar a sua *percepção* da verdade que você já aceita – a saber, que Deus pode e vai protegê-lo de todo o mal, e que o medo e o erro não têm poder quando você próprio não lhes dá esse poder.

*Nada, por meio algum, vos ferirá.* (Lucas 10:19)

# Ele costumava demonstrar

Muitas vezes as pessoas dizem que, logo que atingiram o conhecimento da verdade metafísica, parecia que os milagres aconteciam quase diariamente. Condições adversas de longa data desapareciam após um curto tratamento. A seguir, dizem, parecia ocorrer uma espécie de declínio, a partir do qual não conseguiam mais sair-se tão bem.

Bem, por que motivo isso ocorreria? A explicação é que tudo o que você manifesta é uma *expansão da consciência.*

Quando criamos uma expansão da consciência nossas condições têm que melhorar. Logo que as pessoas conhecem a onipresença de Deus e a irrealidade do mal, experimentam tal expansão – e demonstram-na admiravelmente.

Depois a tendência é, digamos assim, descansar sobre os louros (o conhecimento inicial) adquiridos e fazer com que a primeira percepção continue a servi-los repetidamente.

Isso não adianta. É apenas a percepção de hoje que demonstrará, nunca a de ontem ou a do ano passado.

Se você quiser manifestar algo hoje terá, de alguma forma, que adquirir uma expansão ou soerguimento da consciência, assim como o fez no começo. Precisa aprender um pouco mais sobre Deus; e este é o verdadeiro objetivo da oração e do tratamento.

*Deus não é o Deus dos Mortos, mas dos vivos.* (Mateus 22:32)

# A chave para a Bíblia

A Bíblia trata dos estados de espírito – e dos resultados que tais estados de espírito produzem.

Cada personagem da Bíblia representa um determinado estado de espírito, e os principais acontecimentos da Bíblia descrevem as consequências decorrentes de certos estados de espírito.

A fé e a compreensão tiraram Moisés do Egito (Êxodo 14:21) e Pedro da prisão (Atos dos Apóstolos 12:7), e tais qualidades libertarão qualquer outra pessoa da mesma forma, quer a prisão seja do pecado, do medo, da dúvida ou de outra limitação humana.

Qualquer texto da Bíblia pode ser compreendido nos tempos presente, passado ou futuro – porque Deus está além dos limites do tempo.

Os heróis da Bíblia são apresentados como tendo muitas falhas no começo, que eles superaram aos poucos, pela prática da oração. Isso é muito encorajador para nós.

A Bíblia nos ensina que as condições e acontecimentos externos não são importantes em si, mas apenas até onde expressam necessariamente o caráter (consciência) do sujeito.

A Bíblia é infinitamente otimista, porém jamais uma Pollyanna. Diz: "Vós o conservareis em perfeita paz, aquele que tem confiança em Vós." (Isaías 26:3). Porém, também ensina que os pensamentos e as crenças negativos, especialmente o pecado de limitar Deus (Salmo 78:41), podem trazer no seu encalço todo tipo de dificuldades e sofrimento.

A Bíblia ensina que a *oração de hoje endireitará tudo* - se você não olhar para ontem (lembre-se da mulher de Ló).

Não adie a leitura da Bíblia até "ter tempo bastante e poder lê-la meticulosamente". Comece hoje e leia um pouco - até mesmo alguns versículos - diariamente.

## Deus não está tornando-se

Deus é a perfeição infinita e não está preocupado com as nossas ideias limitadas sobre o tempo, o espaço e a matéria. Ele é o Altíssimo cuja morada é eterna e cujo nome é Santo (perfeito). (Isaías 57:15)

Deus não está progredindo nem se aperfeiçoando. O que se aperfeiçoa é a nossa compreensão d'Ele e, à medida que isso acontece, todas as nossas condições necessariamente se aperfeiçoam.

Nunca houve uma época na história em que Deus não tivesse sido tudo o que é hoje, e nunca haverá uma época em que Deus deixará de ser o que é hoje.

Qualquer coisa de que você precise é parte da expressão de Deus para você *neste momento.* Na verdade, o que chamamos de necessidade ou desejo é realmente a nossa apreensão um tanto nublada da presença da coisa em si.

Não há falha na Mente Divina – toda a falha nada mais é do que o seu fracasso em perceber a Presença de Deus naquela hora.

Não existe demora para o Santo cuja morada é eterna. Você é a Sua expressão, e o que você chama de demora não passa do seu fracasso em perceber o bem atual.

Deus está continuamente se expressando de maneiras novas – mas isso não é aperfeiçoamento, é desdobramento. A sua vida é simplesmente parte desse desdobramento e é o único motivo para que você exista.

Você é a expressão viva de Deus agora, e compreender isso é a salvação.

# Na hora do perigo

Na hora do perigo, a melhor oração ou tratamento é tomar consciência, serenamente, do poder protetor do amor de Deus.

A despeito das nossas orações, as condições às vezes parecem piorar, mas é exatamente essa a hora de se apegar com força à Verdade. Se não pudermos nos apegar à Verdade diante das aparências negativas, de que vale a nossa fé em Deus? Apegando-nos com firmeza à Verdade, a despeito das dificuldades, acabaremos por nos encontrar em segurança.

Muitas pessoas têm fé suficiente em Deus para invocá-lo e confiar n'Ele por algum tempo, mas se a resposta não for imediata, a sua fé desmorona e elas perdem a sua demonstração. Pedro tentando caminhar sobre as águas (Mateus 14:29-31) é um exemplo esplêndido disto.

Qualquer oração, qualquer texto que o ajude a perceber, num nível qualquer, o amor e a presença de Deus, é uma proteção contra o perigo. O Salmo 91, especialmente, deve ser estudado constantemente por aqueles que estão expostos ao perigo, e por aqueles cujos entes queridos o possam estar. O fato de que você provavelmente conhece esse salmo de cor desde criança não faz nenhuma diferença. Tente extrair algo de novo de cada versículo, cada vez que o ler.

*Aquele que invocar o nome do Senhor será salvo.* (Epístola de São Paulo aos Romanos 10:13)

# Tratando com frequência demasiada?

Com que frequência se deve tratar um determinado problema? Um tratamento é o bastante? Quanto deve durar um tratamento?

Essas perguntas se apresentam constantemente e são muito importantes. Na verdade, nosso êxito geral na oração dependerá, em grande parte, das respostas que lhes damos mentalmente.

Não se podem criar regras universais para o tratamento. Devem-se levar em conta o problema, as condições que o cercam e o indivíduo em questão. A mesma pessoa tem que agir de modo diferente em horas diferentes. As indicações seguintes, todavia, são de uso geral.

Um tratamento dificilmente será suficiente, em especial, se se tratar de algo que você considera importante.

A duração certa de um tratamento depende do temperamento do indivíduo, e do estado de espírito em que ele se encontra no momento. O correto é tratar até se sentir satisfeito ou até achar que não pode fazer mais, por ora. Quando parar, não pense "chega por enquanto; depois voltarei a ele" – isso invalida o tratamento –, mas espere que *aquele* tratamento se manifeste.

*Você pode tratar de novo tão logo se tenha afastado do último tratamento* – não antes. Você se afastou do último tratamento quando se esqueceu do assunto durante algum tempo, digamos pelo menos meia hora. Ou seja, se você tratou alguma coisa às 10 horas e depois, porque ficou ocupado com outras coisas, esqueceu-se completamente do assunto (ele fugiu totalmente da sua consciência) por um mínimo de meia hora (ou pode ser duas horas), então, quando voltar a pensar nele, pode tratar novamente, e assim por diante.

Muitas pessoas acham melhor tratar um problema uma vez ao dia, ou possivelmente pela manhã e à noite. O importante é evitar ficar remoendo o problema o dia todo, ocasionalmente. Isso poderá adiar de maneira indefinida a manifestação. Um toque leve é o principal segredo do sucesso.

Lembre-se sempre de que é Deus quem está orando *através* de você.

*Ele envia a Sua palavra, e os cura.* (Salmo 107:20)

# Cruzando a ponte do Brooklyn

Quando você está orando ou tratando pelo seu *lugar verdadeiro*, é bom lembrar que a demonstração integral pode não chegar de uma só vez, porém é mais provável que chegue após uma série de estágios. Esses passos intermediários devem ser recebidos, de um em um, como o que realmente são – degraus que levam à demonstração completa.

Quer seja a ocupação ideal, o lar ideal ou arranjos pessoais perfeitos de outro tipo qualquer, o mais provável mesmo é que você progrida gradativamente.

Bem, mas se você desprezar tais passos intermediários e ficar pensando "isso é um pouquinho melhor, mas não é realmente o que eu quero", retardará a demonstração. Tampouco deve aceitar uma pequena melhora como sendo tudo o que pode esperar obter. A atitude científica é encarar cada degrau *como* um degrau, abençoá-lo e dar graças por ele, depois continuar orando pelo passo seguinte.

Se você estivesse no Brooklyn e quisesse chegar em Manhattan, cruzaria a ponte do Brooklyn. Ficaria grato por estar na ponte, porque isso significaria que seguia pelo caminho certo. Não diria: "Eu não queria passar por esta ponte, queria era estar em Manhattan." Tampouco diria: "Isso basta. Suponho que terei que ficar aqui para sempre." Daria por bem empregado o tempo gasto na ponte, porque estava se dirigindo para o seu destino.

*Cada pequena melhora é parte da ponte entre o local de hoje e aquele onde você deseja chegar.*

*Na serenidade e na confiança estarão a sua força.* (Isaías 30:15)

# Avaliação

Avaliadores profissionais existem em diversos campos.

Um perito virá examinar uma determinada mercadoria e lhe dará um valor estimado. É interessante observar com que frequência esse veredicto será correto, se o produto for colocado no mercado.

Raramente nos damos conta disso, mas é exatamente o que todos fazemos quando deparamos com um problema novo. Damos uma rápida olhada nele e avaliamos a sua importância - mas quase sempre lhe damos um valor *muito exagerado.*

Avaliamos uma dificuldade de 30 gramas como pesando três toneladas (às vezes até 300 toneladas) por causa do *medo.*

O tamanho de qualquer dificuldade ou qualquer problema, para *você*, é o tamanho que *você* lhe atribui, pela avaliação.

O que você *realmente* considerar um grande problema será um grande problema para você. O que você *realmente* considerar um pequeno problema será um pequeno problema para você. Naturalmente, quanto maior o valor que você atribuir ao problema, menor o valor que atribui ao poder de Deus.

Ensinaram-nos que, para o sábio, uma palavra basta.

As coisas irão acontecer-lhe de conformidade com a sua fé.

# A oração que traz resultados

A oração que funciona é simples, direta e espontânea. Jesus disse que, na oração, devemos nos dirigir a Deus do jeito que as criancinhas se dirigem aos pais.

As orações curtas quase sempre são melhores do que as longas.

Ore, nem que por um momento, muitas vezes ao dia.

Lembre-se de que orar quer dizer pensar em Deus. Se você está pensando em si mesmo, em seus problemas ou em outra pessoa qualquer, não está orando naquele momento.

Se você estiver primordialmente interessado no seu desenvolvimento espiritual e encarar as condições externas como apenas incidentais, tais condições melhorarão com muito mais rapidez do que se você estiver primordialmente interessado em melhorar as suas condições e encarar o seu crescimento espiritual como apenas incidental.

Paz de espírito, um corpo sadio e um meio ambiente harmonioso são importantes exatamente porque são a prova da compreensão espiritual.

Lembre-se de que a grande Casa de Força espiritual é a Bíblia

# Palavras, palavras, palavras

Quando você aplica uma certa palavra a Deus, ela deve ter o mesmo sentido essencial que tem quando aplicada ao homem – caso contrário não tem o menor sentido.

Quando você diz que Deus é *Amor* ou *Inteligência*, ou que ele é *justo*, tais palavras devem ter, substancialmente, o mesmo significado quando aplicadas aos seres humanos, caso contrário, serão palavras novas e especiais que, portanto, não têm o menor significado.

O amor de Deus deve ser, essencialmente, a mesma coisa que conhecemos como o amor da mãe pelo filho, ou o amor do artista pela sua criação, por exemplo. Deve ser a mesma qualidade – purificada e aumentada até a infinidade, é claro –, porém a mesma qualidade, senão o termo simplesmente não tem sentido.

Ao falarmos que Deus é justo, devemos dar o mesmo sentido de quando afirmamos que determinado magistrado, ou qualquer outra pessoa investida de autoridade, age com justiça. Senão a palavra não tem nenhum valor. A justiça de Deus incluirá uma perspectiva infinita e será absolutamente sem falhas, porém será, essencialmente, a mesma coisa na sua natureza.

Muitas pessoas dizem que Deus é *Amor* e ao mesmo tempo afirmam que Ele dá ao pecado finito o castigo eterno. Alegam que Deus é *justo* e no entanto afirmam que as pessoas que vivem hoje estão sofrendo penas por causa de um pecado que Adão cometeu há milhares de anos. Ainda existe um pequeno número de pessoas que acredita que todo ser humano foi predestinado ao céu ou ao inferno antes de ter sido criado, e que a sua conduta, quer boa quer má, aqui na Terra, não teria nenhuma influência no seu destino. Essas mesmas pessoas dizem que Deus é *justo*. Obviamente, em tais casos, esses termos não podem ter sentido.

Se os atributos de Deus devem significar coisa diferente daquela representada pelo significado comum das palavras, nós não podemos saber que significado será esse. Seria a mesma coisa que dizer: "Deus é x + y, porém eu não sei o que esses símbolos representam."

A verdade é que Deus *é* Amor e Inteligência, e que Ele age com sabedoria perfeita e justiça perfeita para todos, em todas as horas, no sentido correto e comum dessas palavras.

*Deus é luz e n'Ele não existe a escuridão.* (I João 1:5)

# Sete orações poderosas

Salmo 23. Use este capítulo quando necessitar de algo importante. Você já o conhece de cor, mas *leia-o* e tire dele algo novo. Essa nova inspiração trará o resultado.

*Salmo 91.* Leia-o quando tiver uma sensação de medo ou apreensão. O comentário sobre o Salmo 23 também se aplica a este.

*Daniel, capítulo 6.* Leia esse capítulo quando suas dificuldades estiverem, de fato, com você e parecerem ser quase insuperáveis.

*Epístola aos Hebreus, capítulo 2.* Este é o capítulo para tratar das dúvidas e desânimo.

*Tiago, capítulo 1.* Cheio de psicologia e metafísica. Um curso em instrução, por si só. Tiago é profundo, muito prático e bastante pessoal.

*Êxodo, capítulo 15.* Uma canção de triunfo – de graças pela oração atendida. A ação de graças (antes que a demonstração chegue, ou até mesmo que esteja à vista) é uma forma muito poderosa de oração.

*I Epístola aos Coríntios, capítulo 13.* A execução da lei. O menor atalho para a Saúde, Harmonia e Êxito. O Portal de Ouro.

# O seu consentimento mental

Quando você dá o seu consentimento mental a qualquer ideia, boa ou má, você se associa a essa ideia incorporando-a à sua consciência – na medida em que se dá conta dela.

Quando escuta um tratamento ou lê uma passagem da Escritura, se concorda com eles mentalmente, você os incorpora à sua vida nessa justa medida e recebe o benefício condizente.

Essa lei, é claro, também funciona inversamente. Se quando você ouve ou lê algo relacionado a uma injustiça ou crueldade, concorda com elas mentalmente, pensando "benfeito" ou coisa parecida, você está associando-se àquele ato e tornando-o parte da sua própria vida, muito embora não tenha dito uma só palavra.

É o consentimento mental que importa.

Não se associe, em pensamento, a qualquer coisa má ou negativa, sob pretexto algum, e desse modo você conservará a sua própria consciência clara e harmoniosa.

Una-se, por meio de uma sintonia mental costumeira, à bondade e à beleza infinitas que estão sempre à sua volta. *Dê o seu consentimento apenas à Verdade.*

# Sete pontos básicos

Existe apenas uma causa, o grande Espírito Criador – Deus.

Deus é e tem inteligência infinita. Deus Sabe tudo, Deus tem todo o poder e pode fazer qualquer coisa a qualquer hora, independentemente das condições.

A natureza ou o caráter de Deus é a bondade perfeita e o amor perfeito. Deus age apenas para curar, liberar, inspirar.

Você, onde estiver, é um centro para a expressão de Deus. Você é uma individualização de Deus, mas tem que descobrir e se dar conta, gradativamente, desse fato.

Você se cerca da sua própria imagem e semelhança, como disse Emerson. As suas verdadeiras crenças (a maioria subconsciente) estão expressas no seu corpo e meio ambiente.

Se está fazendo o melhor possível para viver a vida espiritual, é provável que a maioria das suas dificuldades, hoje em dia, não sejam causadas pelo pensamento errôneo atual, mas venham do passado distante. Estão surgindo para serem esclarecidas, para que você fique livre delas para sempre.

As suas dificuldades não se devem necessariamente ao pecado no presente ou no passado, porém são causadas, com maior frequência, pela falta de conhecimento ou por erros bem-intencionados. O resultado do pecado é bem mais difícil de apagar, mas isso também pode ser feito, completamente, se o pecado for abandonado.

# Erga as persianas

Nós não temos que criar o bem. Ele está aqui agora. Não temos que persuadir Deus a ser Amor, Vida, Verdade ou Inteligência, pois Ele já é todas essas coisas, e sempre foi. Não temos que Lhe pedir para se lembrar de nós, pois Ele está sempre conosco. Não poderíamos pedir nenhum bem que já não existisse.

Tampouco temos que lutar contra o mal. Fundamentalmente, o mal é uma crença falsa sobre o bem e a cura consiste em "dispensar" o erro, pelo conhecimento da Verdade. Quando você acende a luz num quarto não tem que espantar as sombras pela porta ou pela janela. A luz inunda o quarto e tudo fica bem, pois a escuridão não é uma entidade. É apenas a ausência da luz.

Se baixarmos as persianas de todos os aposentos de uma casa, ela ficará na escuridão, e tenderá a ficar também úmida e insalubre, não importa com que intensidade o sol possa estar brilhando lá fora. Se quiséssemos consertar esse estado de coisas, não tentaríamos fazer o sol brilhar com mais força (nem poderíamos), ou tentaríamos dar um jeito de criar o sol dentro da casa. Só o que teríamos que fazer, na verdade só o que poderíamos fazer, seria *erguer as persianas*. Erguer as persianas e abrir as janelas seria a cura certa para essa condição. O sol jorraria casa adentro, e todos os demais benefícios o acompanhariam.

Deus está conosco o tempo todo, mas fechamos as janelas de nossa alma e baixamos as pesadas persianas do medo, da dúvida, do egoísmo etc. entre Ele e nós mesmos.

A salvação consiste em erguer as persianas e abrir as janelas – depois Ele faz o resto.

# Deus é o grande amigo

Deus é o seu melhor amigo. Deus está sempre presente, e você pode sempre se voltar para Ele em busca de ajuda e orientação; e Ele jamais falha. Claro que é bobagem pensar que Deus é apenas um homem muito grande, uma edição aumentada de nós mesmos, mas quando as pessoas fogem desse erro, às vezes, cometem o erro oposto de pensar que Deus é apenas uma força impessoal como a eletricidade ou a gravidade. Este é o erro mais perigoso dos dois, porque deixa as pessoas sem ter em quem confiar, exceto nelas mesmas, e esta é a mais trágica de todas as situações. Num caso desses, as pessoas pensam: "Posso superar essa dificuldade se botar a minha cabeça no lugar, mas tenho que fazer isso sozinho e com as minhas próprias forças, e pode ser que não consiga." Elas se esquecem de que Deus sempre ajuda.

Embora Deus não seja apenas um homem grande, *Ele tem todas as qualidades da personalidade, exceto as suas limitações.*

Pense em Deus como um Pai amoroso sempre pronto a curar e consolar. Lembre-se de que Deus o conhece e o ama e se importa com você. Lembre-se de que Ele é e tem inteligência infinita. Lembre-se de que Ele tem todo o poder e que a Sua natureza é o perfeito amor divino. Volte-se para Ele hoje, exatamente da mesma maneira e com o mesmo estado de espírito que o teria feito quando tinha 5 ou 6 anos de idade – porém acrescentado da maior compreensão que você adquiriu, desde então.

Uma compreensão correta da metafísica não pode diminuir o seu sentido da existência pessoal de Deus. Pode apenas aumentá-lo. A doutrina de Cristo não vem para destruir, mas para completar.

*Caríssimos, desde agora somos filhos de Deus, mas não se manifestou ainda o que havemos de ser. Sabemos que, quando isto se manifestar, seremos semelhantes a Deus, porquanto o veremos como ele é.* (I João 3:2)

# A Carta de Direitos de Deus

Você pode ter qualquer coisa na vida a que tenha direito – desde que pague o preço, criando a ideia equivalente a ela. Ou seja, você pode ter qualquer coisa a que tenha direito, desde que se torne mentalmente pronto.

Você tem o direito a qualquer coisa que seja boa para você – qualquer coisa que o faça mais saudável, mais feliz, mais livre e mais útil. Esta é a Carta de Direitos de Deus.

Quando você pensa: "Gostaria de fazer isso, ou ser isso, ou ter isso", é a voz de Deus na sua alma que lhe está dizendo que chegou a hora de dar um passo à frente.

Repare, em especial, que você tem o direito somente às coisas que são boas e o farão feliz. É óbvio que não tem o direito a algo que pertença a outra pessoa, ou a algo que vá infringir os direitos alheios, forçando-os a fazer algo que não desejam fazer, por exemplo.

Quando você se pega querendo algo que, no seu íntimo, sabe que não tem direito a possuir, isso simplesmente significa que está interpretando errado o canal. O que você realmente quer é a felicidade e a liberdade que acha que conseguiria pela obtenção do que tem em mira – não realmente o alvo em si, que é apenas o canal.

Num caso desses, você deve pensar: "Essa não pode ser a maneira, porque não tenho direito àquela coisa, mas existe uma outra maneira pela qual Deus pode me dar toda aquela felicidade e oportunidade sem infringir os direitos alheios."

Trate-se, pensando: "Estou em contato com a Fonte daquele bem e o Poder Divino vai trazê-lo até mim através de outro canal que seja legítimo."

A Carta de Direitos de Deus diz que você tem o direito à saúde, à felicidade e ao verdadeiro êxito. E existe sempre um meio legítimo de se alcançar esses objetivos. Ele irá mostrar-lhe o caminho e abri-lo para você, se confiar n'Ele.

*Pensai n'Ele em todos os vossos caminhos, e Ele dirigirá as vossas sendas.* (Provérbios 3:6)

# Amo, não escravo

Certo filósofo definiu a vida como adaptação ao meio ambiente. Disse que qualquer coisa que tivesse vida tentaria sobreviver e, se possível, crescer, adaptando-se às condições em que tinha que viver.

Naturalmente existe uma grande dose de verdade neste ponto de vista, no que diz respeito aos vegetais e ao mundo animal. A vida é tenaz e extraordinariamente habilidosa em se adaptar a condições inadequadas.

Quando se trata da humanidade, contudo, o caso transforma-se. A Bíblia nos ensina que o homem não tem que se adaptar às condições externas da melhor maneira possível, mas usar o seu poder de modificar ou adaptar as coisas externas para que estas se ajustem a ele. Esta é a distinção vital entre o materialismo e a Verdade Espiritual.

Você não precisa tirar o melhor proveito de condições indesejáveis ou inadequadas, como o fazem a planta ou o animal. Você tem dentro de si a Fagulha Divina – o Cristo que Vive em Você – e despertando e desenvolvendo a sua natureza espiritual, você *pode moldar as condições externas para que se adaptem a você.*

Este processo é a Oração Científica. Através da Oração Científica, Deus, o Onipotente, agirá através de você e irá torná-lo dono do seu destino, o *amo e não o servo obediente das coisas externas.*

O homem difere fundamentalmente até mesmo dos animais mais superiores, porque tem o livre-arbítrio, o poder da razão e da intuição. Aprendendo a usar tais faculdades, ele adquire o seu domínio. É a Bíblia que diz que Deus deu ao homem domínio sobre todas as coisas.

# Arranje algumas demonstrações

O caminho esplêndido para o progresso na compreensão espiritual é resolver os problemas *explícitos* pela oração.

Cada vez que você cura qualquer condição, não importa o seu tamanho, pela oração, quer esteja trabalhando para si mesmo ou para outra pessoa qualquer, adquire um acréscimo em compreensão espiritual. Uma cura explícita, quer seja do corpo ou de outra coisa qualquer, irá ensinar-lhe mais sobre a verdade espiritual do que horas de discussão ou leitura.

Não perca tempo tentando responder a perguntas teóricas ou doutrinárias.

Qualquer resposta dessas não passará de outra teoria intelectual. Cure alguma coisa, ou trate-se para a compreensão divina e, mais tarde, quando você estiver pronto, se pegará compreendendo realmente a verdade sobre o assunto que o intrigou, e não simplesmente obtendo uma resposta intelectual e formal para ele.

Não espere após algumas semanas de estudo entender tudo sobre Deus e os homens. Em metafísica, algumas perguntas que se apresentam prontamente não podem ser verdadeiramente respondidas sem uma grande dose de preparação preliminar, e é inútil tentar respondê-las até que esse terreno preliminar tenha sido percorrido. É inútil para um estudante de álgebra tentar compreender o teorema binômio se ainda mal compreende uma simples equação.

O modo de obter compreensão suficiente para resolver os problemas mais difíceis é realizar um pouco de cura prática, especialmente das suas próprias dificuldades. Você sempre tem compreensão suficiente para enfrentar qualquer dificuldade prática que possa lhe aparecer. Você sempre tem compreensão suficiente para conseguir liberdade e harmonia aqui e agora, no local em que está.

*Jesus disse: Por seus frutos os conhecereis.* (Mateus 7:20)

# A natureza humana pode se modificar?

As pessoas superficiais às vezes fazem a seguinte pergunta: "A natureza humana pode se modificar?"

Ou insistem, cheios de pessimismo, que "A natureza humana nunca se modifica", ou, "Bem, não se pode modificar a natureza humana".

A verdade é que não há necessidade nenhuma da natureza humana se modificar. A natureza do homem é de tal ordem que ele pode trazer à sua vida e experiência uma quantidade ilimitada de bem ou de mal, por meio do uso de suas faculdades mentais, positiva ou negativamente, conforme o caso. Essa é a sua natureza, e não se poderia imaginar um arranjo melhor. Qualquer mudança nela seria para pior.

Repare que, quando alguém andou se portando mal – quando foi egoísta, desonesto e estúpido, as pessoas em geral falam da maneira citada anteriormente. Nunca se ouve tais comentários com relação a uma ação nobre ou sensata.

O pecado, a doença e a morte, guerras e sofrimento de qualquer tipo surgem porque o homem prefere pensar negativamente. Ele esquece Deus e considera a si mesmo como um ser material, uma pessoa inteiramente isolada que deve cuidar de si mesma a expensas dos outros, ou então perecer.

Agora, todavia, o conhecimento da bondade total, de todo o poder e toda a presença de Deus está se espalhando rapidamente pela raça humana, e à medida que os homens começam a aprender isso e dar-se mais e mais conta disso, "a natureza humana sendo o que é", as condições melhorarão em todos os aspectos até que toda a raça humana tenha liberdade e harmonia.

A natureza humana é de tal ordem que o Homem pode se voltar para Deus em qualquer lugar e a qualquer hora e – acreditando no Seu interesse e proteção e agindo de acordo com tal crença – encher de paz e serenidade o coração, reconstruir o corpo com saúde e força, e cercar-se de condições harmoniosas e alegres.

A natureza humana é de tal ordem que, quando o medo, a tentação, a raiva, a tristeza ou qualquer outro sentimento negativo se apresenta, o homem pode fazer com que ele se dissolva pensando corretamente e reconquistando a sua felicidade e confiança.

Esta é a natureza humana como a Providência a fez – e qual o objetivo de discutir uma modificação?

Temos a chave para a harmonia perfeita e a perfeição infinita, o que mais podemos querer?

*Eu vim para que tenham vida, e a tenham em abundância.* (João 10:10)

## Deixe que Deus o faça digno

Nunca hesite em se acercar de Deus na oração porque você não é digno. Se esperar até ser digno, jamais se acercará d'Ele. Se tivéssemos que esperar até sermos dignos, ninguém encontraria a salvação, porque não podemos nos tornar dignos.

Volte-se para Deus do jeito que é. E, não importa o quanto se sinta indigno ou pecador, Deus irá ajudá-lo e começará a torná-lo digno, contanto que você esteja se voltando para Ele sincera e integralmente.

Somente Deus pode nos melhorar. Somente Deus pode cancelar erros e reconstruir as nossas vidas. Quanto mais sentimento de culpa possamos ter, mais motivos teremos para nos voltarmos para Ele. Deus jamais se recusa a ajudar alguém. Ele vem quando nos voltamos para Ele, e nos fornece também o que nos está faltando.

O simples fato de você estar orando significa que o próprio Deus deu início à oração, e que pensamento pode ser maior do que este? Aprendemos que Cristo bebê nasceu numa manjedoura, e não num palácio, e este é o símbolo supremo do princípio que estamos considerando.

*Todos vós que estais sedentos, vinde até as águas.* (Isaías 55:1)

# Dê um tempo

As pessoas às vezes aceitam a ideia de que uma mudança de modo de pensar, acrescida a uma volta a Deus, por meio da oração, transformarão as suas vidas em harmonia e liberdade. A lógica desse princípio costuma atraí-las e elas se dedicam intensamente a ele. Depois de alguns dias, contudo, dizem: "Nada aconteceu, afinal", e caem de novo no antigo pensamento negativo.

Isso é extremamente tolo. Os resultados de muitos anos de pensamentos negativos raramente são corrigidos em poucos dias. Ninguém que comece uma nova dieta física ou regime médico espera colher benefícios num período tão curto de tempo. É preciso continuar com a nova maneira de pensar por um período razoável, e se recusar a ficar desanimado com os primeiros fracassos aparentes.

O motivo ideal para adotar o modo de pensar certo é que ele é certo, e o modo de pensar errado é errado. E devemos agir corretamente quer isso pareça ou não pagar dividendos. Claro que paga dividendos – dividendos fabulosos –, mas isso geralmente custa alguma perseverança em face de uma lentidão preliminar.

Os principiantes com frequência obtêm resultados espantosos logo no início, porém nem sempre. E não podemos ser dependentes de que tal boa sorte nos apareça. Precisamos nos dar conta de que o modo de pensar certo e a Prática da Presença de Deus não são uma questão de acaso, mas seguem uma lei infrangível, mesmo que custe algum tempo e perseverança para demonstrar essa lei.

*E vós me buscareis, e me achareis, quando me procurardes de todo o coração.* (Jeremias 29:13)

# Singelo e simples

Que suas orações sejam as mais simples possíveis – simples no estilo e simples na ideia. O segredo da oração bem-sucedida é ser simples, direta e espontânea. Tão logo a oração se torna complicada, literária ou extravagante, transforma-se num exercício intelectual e deixa de ter o poder espiritual.

Nos nossos estudos de metafísica devemos tentar ser igualmente simples e explícitos. Devemos fazer questão de expressar aquilo em que acreditamos e que compreendemos nos termos mais simples e singelos, tanto para o nosso próprio bem quanto para o bem daquele a quem estamos dando esclarecimentos.

Se suas ideias sobre a religião são expressas num estilo vago e rebuscado, se você utiliza muitas palavras incomuns e ambíguas, isso é um sinal certo de que não compreende as coisas de que está falando e está tentando disfarçar o fato de si mesmo. Esse estratagema é um truque muito conhecido do subconsciente para fazer com que nos enganemos, e devemos estar alerta contra ele.

Você é capaz de explicar numa linguagem razoavelmente simples qualquer coisa da qual tenha compreensão – desde que seja passível de explicação. Um ar de pesada profundidade transmitido numa terminologia misteriosa e vaga é a marca da insinceridade ou da mente confusa.

Lembra-se dos versos da opereta *Patience*?

E todos dirão, enquanto você percorre
o seu caminho místico,
Se esse jovem se expressa em termos
profundos demais para mim,
Ora, mas que jovem tão singularmente profundo
esse jovem profundo deve ser!

# Agora

Já lhe ocorreu que o único tempo que realmente se tem é o momento presente? Todos já ouvimos isso inúmeras vezes, porém poucos de nós nos damos conta, mesmo ligeiramente, do que isso quer dizer. Significa que apenas se pode viver no presente. Significa que apenas se pode agir no presente. Significa que apenas se pode experimentar no presente.

Acima de tudo, significa que *a única coisa que se tem que curar é o pensamento presente*. Aprenda isso direito e todo o quadro irá se modificar em harmonia e alegria. Quando alguns estudantes ouvem essa afirmação, pensam: "Ah, eu sei disso. Estou sabendo há anos." Mas o provável é que ainda não o tenham entendido completamente. Quando o fizerem, obterão resultados notáveis.

Só o que você pode conhecer é o seu pensamento presente, e só o que pode experimentar é a expressão externa de todos os pensamentos e crenças que está tendo no momento presente. O que você chama de passado pode apenas ser a sua lembrança do passado. As consequências aparentes dos acontecimentos passados, sejam boas ou más, não passam da expressão do seu estado de espírito atual (incluindo, é claro, o subconsciente).

O que você chama de futuro – algo que está planejando, ou que está temendo – tudo isso ainda é o seu estado de espírito atual.

Esse é o significado real da tradicional expressão *O Agora Eterno*. A única alegria que você pode experimentar é a alegria que experimenta agora. Uma lembrança feliz é uma alegria atual. A única dor que pode experimentar é a dor do momento atual. As lembranças tristes são dor atual.

Faça com que o momento presente seja certo. Tenha paz, harmonia, alegria, boa vontade no momento presente. Concentrando-se nessas virtudes e asseverando-as – e esquecendo, durante o tratamento, todos os sentimentos negativos – os problemas passados e futuros irão encarregar-se de si mesmos.

*Além disto, irmãos, tudo o que é verdadeiro, tudo o que é nobre, tudo o que é justo, tudo o que é puro, tudo o que é amável, tudo o que é de boa fama, tudo o que é virtuoso e louvável, eis o que deve ocupar os vossos pensamentos.* (Epístola de São Paulo aos Filipenses 4:8)

## Uma maneira de orar

Pense em Deus. Reveja algumas das coisas que sabe serem verdadeiras a Seu respeito – a Sua bondade perfeita, inteligência infinita, onipresença, poder ilimitado, amor irrestrito, e assim por diante. Assevere que Deus, que é tudo isso, está com você – e acredite no que assevera.

Leia alguns versículos das Escrituras ou de qualquer livro espiritual que possa ajudá-lo.

Assevere que é realmente Deus quem está fazendo essa oração através de você – e creia nisso.

Diga silenciosamente que perdoa a todos que pareçam precisar de perdão, sem exceção ou reserva mental – e seja sincero.

Peça a Deus para perdoá-lo de todos os erros que já cometeu, e diga que aceita o Seu perdão – e seja sincero.

Assevere que Deus o está inspirando, ensinando e curando. Assevere que Ele está lhe dando a maior das dádivas – ELE MESMO – porque, tendo-O, você terá também todo o resto. Se houver alguma coisa específica, grande ou pequena, perturbando a sua vida, assevere que Ele a curará – e creia nisso.

Agradeça o privilégio de se comunicar com Deus. Agradeça antecipadamente a paz de espírito, a harmonia e o crescimento espiritual que essa oração irá trazer-lhe – e seja sincero.

# Não apresse a galinha

Uma criancinha de cidade grande estava passando as férias numa fazenda. Mostraram-lhe uma galinha chocando os ovos e disseram-lhe que, algum dia, nasceria um pintinho de cada ovo. A criança ficou encantada com essa ideia fascinante e todas as manhãs ia espiar para ver se o milagre tinha ocorrido.

Os dias se passavam e nada acontecia. Os ovos ainda pareciam exatamente iguais. Nem a menor mudança ocorrera na aparência das coisas, e aos poucos a fé da criança foi declinando. Finalmente, certo dia, ela desistiu inteiramente e disse a si mesma, com amargura, que fora enganada e que nada jamais aconteceria.

No dia seguinte, contudo, pela força do hábito, deu uma passada pelo ninho, como sempre, mas sem nenhuma esperança. E eis que depara, cheia de alegria, com lindos pintinhos correndo por ali.

É claro que mudanças maravilhosas estavam acontecendo o tempo todo, por baixo das cascas, mas não havia nada para se ver até o momento final, quando os pintinhos de repente apareceram completos e perfeitos.

Algumas das nossas maiores demonstrações chegam a nós dessa maneira. Durante um longo tempo não se enxerga mudança alguma no exterior, mas se mantivermos forte a nossa fé, apesar das aparências, a demonstração virá – nem que seja no último momento.

Nesta história, foi o espectador quem perdeu a fé, portanto isso não teve importância. Se a galinha tivesse perdido a fé... bem, não haveria pintinhos. Dê às suas demonstrações tempo para serem chocadas. Conserve a fé em Deus.

# Como funciona a oração

A oração sempre ajuda, na medida da nossa convicção e nossa fé. Tecnicamente, diríamos na medida da nossa compreensão ou nível de consciência alcançado. *As coisas nos acontecerão em conformidade com a nossa fé* é a maneira mais simples e melhor de dizê-lo.

*Como* funciona a oração é um outro assunto, e muito interessante para os estudantes de psicologia e metafísica. O que realmente acontece é o seguinte: a sua oração funciona modificando a parte subconsciente da sua mente. Ela apaga o medo e destrói as ideias falsas que andam causando o problema.

Todas as circunstâncias da sua vida são uma extroprojeção de uma crença no subconsciente. Cada doença, cada dificuldade que você tem não passam da corporificação de uma ideia negativa no seu subconsciente, que é acionada por uma carga de medo. A oração apaga tais pensamentos negativos e, depois, a sua corporificação também tem que desaparecer. A cura tem que ocorrer.

A oração, então, não age diretamente no seu corpo ou nas suas circunstâncias. Ela muda a sua mentalidade - depois do que, é claro, o quadro externo também tem que mudar.

*E não vos conformeis com este mundo (a imagem negativa); mas transformai-vos pela renovação da vossa mente, para que possais provar o que é bom, e aceitável e perfeito, pela vontade de Deus.* (Epístola de São Paulo aos Romanos 12:2)

## O que acontece com o mal?

O que é o mal? Você sabe que é uma crença falsa sobre os filhos perfeitos de Deus ou o Seu universo perfeito. Uma crença falsa tem que ser energizada por uma carga de medo, caso contrário não produz efeito. Uma declaração ou insinuação negativa em que não acreditamos, e que portanto não tememos, não nos pode ferir. Todos os nossos problemas são causados por pensamentos negativos na parte subconsciente de nossa própria mente, e cada pensamento destes consiste numa crença falsa e numa carga de medo.

Vocês todos sabem que a oração cura destruindo o mal, porém, às vezes, as pessoas perguntam o que acontece com o mal. Para onde ele vai?

É fácil compreender a resposta a esta pergunta quando se sabe que qualquer pensamento não passa de uma vibração da mente. Os pensamentos bons são vibrações elevadas e excelentes, e os pensamentos negativos são vibrações inferiores e grosseiras. A vibração é só o que existe do pensamento. A oração faz a mente parar de vibrar naquele ponto determinado – termina aquela vibração –, e isso é o fim da negatividade. Você sem dúvida já viu e ouviu um diapasão vibrando, produzindo desse modo uma determinada nota. Pare a vibração com o dedo e a nota cessa. O que acontece com a vibração? Era apenas um movimento e o movimento parou. Só isto.

Se somos tolos o bastante para repetir os erros que causaram o nosso problema, se voltarmos a nos entregar ao medo, à crítica, à autopiedade e assim por diante, naturalmente começamos uma vibração semelhante, e teremos os nossos problemas de novo. Porém não é o antigo problema que "voltou", é um novo exemplar que acabamos de produzir.

Não há garantia de saúde e felicidade, exceto treinando-nos para ter somente pensamentos harmoniosos.

É a sua *conduta mental* que determina a qualidade da sua vida.

# A sua grande oportunidade

O seu problema atual é a sua grande oportunidade. A sua própria mente – O Local Secreto, como Jesus a chamou – é a sala do conselho onde são tomadas todas as providências e decisões para a sua vida inteira; é também a sala de projetos onde são feitos os planos para o seu destino.

A sua vida é o seu laboratório. O mundo é a sua oficina.

O único motivo pelo qual você está aqui é para poder se desenvolver espiritualmente. E a única maneira de fazê-lo é enfrentar os muitos desafios da vida prática e superá-los. Você não se desenvolve espiritualmente fugindo da vida e se escondendo numa caverna de ermitão ou num abrigo artificial qualquer, sejam quais forem as suas boas intenções. Nem cresce espiritualmente ganhando terreno por meio da força de vontade, da força bruta ou do ardil astucioso.

Você cresce em graça e compreensão pela resolução de seus problemas diários à medida que eles surgem, pela Prática da Presença de Deus, por uma atitude tolerante para com os outros, pelo simples bom senso (que é a Sabedoria Divina em você), por uma atitude sincera e honesta em todas as horas, e pelo cultivo de um verdadeiro senso de humor – o que sempre nos leva para mais perto de Deus.

A grande questão é que a vida deve ser enfrentada e dominada. As condições externas e as aparências simplesmente não têm importância em si, exceto como fonte de fornecimento de material para o crescimento. Quaisquer dificuldades que lhe possam surgir a qualquer hora, não importa quais sejam, devem ser aceitas como sendo exatamente aquilo de que você mais precisa no momento, para lhe permitir dar um passo à frente, superando-as – esta é a Lei. Não é preciso haver males absolutos. A única desgraça real, a única tragédia real, ocorre quando sofremos sem aprender a lição.

Sem dúvida todos já sentimos, uma vez ou outra, o desejo de "sumir" e ter paz e tranquilidade. Sentimos, como o poeta: "Para mim, os sinos do anoitecer tocando em templos antigos." Mas o caminho não é este. Você não mora num "templo antigo", nem poderia ir para um deles agora, mesmo que fosse a coisa a ser feita no momento. Tais pensamentos não passam de sonhos sentimentais. A verdadeira paz não vem das condições externas, mas de dentro. Você pode estar cheio de medo ou ódio num cume de montanha remoto, e pode sentir a Presença de Deus no meio da Times Square.

Acorde! Perceba Deus e deixe que Ele lhe dê a felicidade e a liberdade perfeitas, aqui e agora.

*Não oro para que os tireis do mundo, mas para que os preserveis do mal.* (João 17:15)

## Bulbo e flor

Quem foi que alguma vez não plantou um bulbo na terra, ou num vaso de flores, e teve o prazer de esperar que a planta brotasse, se desenvolvesse e acabasse por produzir a linda flor em si? Para as crianças, em especial, ter um bulbo (ou vários) só delas e sentir que estão supervisionando o seu desenvolvimento dessa maneira é uma das maiores emoções que a vida pode lhes dar.

Repare que você naturalmente planta o bulbo e espera que a flor – o jacinto ou o croco – venha a seguir. Ninguém no seu juízo perfeito sonharia em plantar a flor e esperar que nascesse um bulbo. No entanto, na nossa vida, muitos de nós fazemos exatamente isso. Esperamos começar com a flor e acabar com o bulbo.

Achamos que teremos estados de espírito ou de corpo desejáveis, felicidade, liberdade, saúde, se pudermos modificar de alguma forma as condições externas. No entanto, na verdade isso é tentar plantar uma flor e produzir um bulbo, já que estamos tentando colocar o efeito antes da causa.

A lei do universo é primeiro o pensamento, depois a expressão. E tal lei jamais pode ser invertida.

Quando você modifica o seu pensamento, ou corrige uma crença falsa, está plantando o bulbo do modo de pensar correto e, sem dúvida, produzirá a flor da felicidade e da saúde. A maneira é esta, não existe outra.

# A tarefa da nossa vida

Existem certas tarefas-chave nas quais temos que alcançar ao menos um certo grau de domínio nesta vida, se é que não queremos perder o nosso tempo. São elas:

Fazer um contato pessoal com Deus.

Curar e regenerar nosso próprio corpo – demonstrando a saúde.

Obter o controle de nós mesmos e encontrar o nosso Verdadeiro Lugar.

Aprender a lidar com outras pessoas tanto sábia quanto justamente.

Aperfeiçoar uma técnica para obter inspiração pessoal direta para um propósito geral ou específico.

Deixar o passado completamente para trás.

Planejar o futuro definida e inteligentemente.

Fazer algum progresso real em cada um desses aspectos, muito embora ainda estejamos bem longe do domínio, é o verdadeiro êxito. Naturalmente, todos avançaremos mais em algumas dessas direções do que em outras, mas deve-se fazer algum progresso em cada uma delas.

# Tomando medidas materiais

Quando você se dispõe a resolver um problema por meio da oração, deve, além disso, tomar todas as medidas normais de praxe. Simplesmente não fique orando e esperando que algo dramático aconteça. Por exemplo, se pretende conseguir um determinado emprego, deve orar por ele diariamente, da melhor maneira possível, depois sair e ir visitar agências de empregos ou possíveis empresas, mandar currículos ou colocar anúncios nos classificados, se é isso que costuma ser feito no seu ramo de trabalho.

Se quer uma cura, faça o tratamento da maneira que costuma achar melhor e, além disso, tome as medidas materiais apropriadas. Pergunte-se se está vivendo segundo as leis da saúde, e se não estiver, modifique-se imediatamente.

Se seu negócio não está prosperando, trate-o, depois faça uma vistoria para descobrir se o está administrando eficazmente. Se encontrar pontos fracos, o que é quase certo acontecer, corrija-os prontamente.

Não podemos continuar infringindo as leis do plano em que vivemos e esperar que a oração compense tal estupidez.

Quando você faz o tratamento para orientação ou inspiração, ela com frequência virá sob a forma da sua própria resposta à pergunta, ditada pelo bom senso. O que chamamos de "bom senso" é apenas a Sabedoria Divina assumindo uma forma particular.

Quando não temos ideia do que fazer, então é chegada a hora de usar a harmonia ou orientação e esperar pacientemente a resposta, porém todas as medidas óbvias e naturais devem sempre ser tomadas.

# Entrando em contato com Deus

Os estudantes da Verdade são constantemente aconselhados a entrar em contato com Deus, a perceber a Sua presença, a encontrar Deus dentro deles mesmos, a se apoiar no Cristo inferior, e assim por diante. Muitas pessoas, contudo, são um tanto confusas quanto ao significado dessas frases, e portanto será mais eficaz considerar exatamente o que querem dizer.

Não podemos enxergar Deus com nossos olhos físicos, nem tocá-lo com nossas mãos. Obviamente, podemos apenas entrar em contato com Ele em pensamento. Porém, entramos em contato com Deus sempre que pensamos n'Ele. Este é o significado da expressão *encontrar Deus dentro*. Na Bíblia, a palavra "dentro" significa pensamento, e "fora" ou "do lado de fora" se refere ao mundo material.

Se pensarmos serenamente em Deus, refletindo nas várias coisas que sabemos a Seu respeito, logo descobriremos que tais verdades estão se tornando mais reais para nós, que não são mais meras teorias. Isto é a *percepção*; e a percepção é uma questão de nível. Tais verdades são sentidas mais intensamente em certas horas do que em outras, e quando as sentimos intensamente temos uma melhor percepção e ela tem mais poder para curar.

A verdade mais importante de todas é que Deus está sempre conosco, mesmo que estejamos inconscientes do fato, ou que o tenhamos esquecido no momento. Lembrar-se da Sua Presença e dar-se conta desse fato até certo ponto é *encontrar Deus dentro de si mesmo.*

A Presença de Deus conosco (em nós) é às vezes chamada o Cristo que Vive em Nós, ou Cristo *de dentro*; e acreditar na nossa unidade com ela, e ter confiança no seu poder salvador, curador e inspirador é apoiar-se nela.

Ter fé em que ela resolverá um determinado problema é *lançar o fardo* sobre o Cristo de dentro.

*Ele se chamará Emanuel, que significa Deus conosco.* (Mateus 1:23)

# Vendo Deus por toda a parte

Aqueles que estão na senda espiritual sabem que devem tentar ver Deus por toda a parte e em todas as horas. Muitas pessoas, contudo, não entendem com muita clareza o que isso quer dizer.

A Verdade da Existência é que toda criação é a autoexpressão de Deus. Nós mesmos somos individualizações d'Ele, através das quais Ele busca nova e maior expressão.

O homem não compreende isso e forma crenças falsas sobre a Verdade. Enxerga limitações de todo o tipo à sua volta. Sente-se isolado de Deus e dependente de seus próprios esforços.

*Ver Deus por toda a parte* significa lembrar-nos dessa verdade. Devemos, é claro, dedicar a nossa atenção integral ao que quer que estejamos fazendo naquela hora, mas sempre nos apegando à ideia – "no fundo da cabeça", digamos assim – de que Deus está agindo através de nós. Você pode dirigir um carro e prestar atenção na estrada e, ainda assim, "lá no fundo da cabeça", não estar se esquecendo de que precisa dar um telefonema quando chegar ao seu destino.

Deve lembrar-se, com frequência, de que Deus também está agindo através de outras pessoas, especialmente durante um encontro importante. Se a outra pessoa está se comportando mal, pense que, afinal de contas, Deus está agindo através dela e que sua conduta mudará para melhor.

Quem estiver cantando, tocando ou falando em público deve se apegar à ideia de que "Deus está curando a plateia através da minha pessoa". Isso ajudará todas as pessoas da plateia, até um certo ponto, e irá torná-las amistosas e receptivas.

Esta é a verdadeira Prática da Presença de Deus.

# Enfrentando aquele bicho-papão!

Quando o que aparenta ser um problema especialmente difícil ou uma grande emergência se apresenta, muitos estudantes da Verdade enfrentam a coisa de maneira errada. Começam pensando: "Isso é muito sério", depois passam a se preparar mentalmente, digamos assim, para um supremo esforço e a planejar orar "muito arduamente" ou durante muitas horas, para enfrentar a referida dificuldade.

Tudo isso é muito errado. Simplesmente faz o problema transformar-se em algo muito maior do que o era originariamente. A seguir eles passam a fazer um grande esforço mental para colocar força na oração. Novamente isso é errado, porque o seu poder mental não pode fazer nada – apenas Deus pode curar a condição –, e esse esforço é realmente para afirmar que Ele não pode agir.

A atitude certa, aquela que traz a vitória, é:

1. Pensar: "Deus pode e vai resolver esse problema se eu adotar a atitude mental certa."
2. Em vez de falar a Palavra da baixa altitude do medo e da limitação, e confiar no esforço para ampliar a Palavra, pare de pensar apenas no problema e eleve sua consciência. Empregue o tempo que for necessário para isso – alguns segundos, alguns minutos, algumas horas, até dias.
3. Já tendo atingido um nível mais elevado – fale serenamente a Palavra *daquele* nível e seu problema será resolvido.

Elevamos nossa em consciência pensando em Deus, até nos tornarmos realmente interessados n'Ele. A altitude variará com as diferentes pessoas, assim como o tempo necessário para atingi-la, e essas coisas variarão em horas diferentes, com a mesma pessoa.

Naturalmente, esse nível mais elevado de consciência não é nada sonhador ou anormal. É simplesmente um interesse sadio e racional em Deus.

# O pecado imperdoável

A Bíblia menciona a existência de um pecado imperdoável e isso tem assustado imensamente inúmeros cristãos. De vez em quando recebo cartas perguntando que pecado é este.

Sejamos absolutamente claros quanto a isto: não existe nenhum pecado que um ser humano possa cometer que Deus não perdoe, desde que haja um arrependimento sincero.

O pecado imperdoável é também citado como uma blasfêmia contra o Espírito Santo. Em linguagem comum, esse pecado consiste em nos isolarmos da inspiração ou orientação de Deus. Se você já está firmemente convencido de tudo quanto diz respeito a Deus, se concluiu que sabe de toda a verdade e que não pode estar enganado, então não será possível para o Espírito Santo abrir os seus olhos para o erro e conduzi-lo à verdade mais elevada - pelo menos até que você mude a sua atitude.

Naturalmente, enquanto esse for o seu estado de espírito, nenhuma ajuda ou melhora poderá vir para você, e somente nesse sentido isso é imperdoável - imperdoável enquanto durar.

Quando você mudar a sua atitude, o esclarecimento chegará e o pecado será destruído.

Na Bíblia, esse fato é enunciado à maneira dramática da tradição oriental, e não significa o que uma interpretação literal sugeriria.

# Uma experiência emocionante

Como estudante da Verdade você acredita que Deus tem *poder* e *inteligência* infinitos, e que Sua natureza é a *bondade* e o *amor* infinitos.

Você também crê que Ele o conhece e o ama e se interessa por você, e que, na realidade, você é uno com Ele.

Por que não fazer a seguinte experiência, que será não apenas emocionantemente interessante, mas com certeza trará um bem novo e definido à sua vida. Essa experiência também irá ensinar-lhe mais em um dia do que você poderia aprender em livros ou palestras num período de muitas semanas.

Eis o que você tem a fazer. *Durante um dia todo pense, fale e aja exatamente como o faria se estivesse absolutamente convencido da verdade das afirmações do primeiro parágrafo.*

É claro que você acredita nelas "teoricamente", mas agir literalmente de conformidade com essa crença é outra história. Para que essa experiência tenha algum significado, você deve desempenhar o seu papel com positividade.

Pensar dessa maneira o dia todo será o mais difícil, porque o pensamento é muito sutil. Falar segundo essas verdades será mais fácil, se você estiver atento. Agir de conformidade com elas será a parte mais fácil, embora possa exigir muito em termos de coragem moral.

Se acreditássemos nessas verdades com a mesma confiança – sem questionamento – com que acreditamos na existência do metrô, por exemplo, ou do sistema telefônico, nenhum problema, sofrimento ou medo permaneceriam conosco por muito tempo.

# Muitas formas de oração

É um erro pensar que só exista uma forma de oração. Existem muitas. Geralmente a melhor forma é aquela que mais lhe atrai no momento. O ponto essencial para superar qualquer dificuldade ou resolver qualquer problema é que você deve se tornar mais consciente da presença e da bondade de Deus do que da dificuldade. À medida que você se acerca desse estado de espírito, qualquer medo consciente que tenha diminuirá regularmente.

A Oração Científica, ou tratamento, consiste em tirar o problema da sua cabeça pela percepção da onipresença de Deus, e é, sem dúvida, a forma mais eficiente de oração, se você puder usá-la.

Muitas pessoas, é claro, ainda não estão prontas para esse tipo de enfoque, porém obterão excelentes resultados com formas ortodoxas de oração, desde que se concentrem o menos possível em coisas negativas.

Ao orar por uma pessoa doente, por exemplo, evite enumerar os sintomas e fixar-se neles. Ore pela cura e pela saúde. Ao orar por um soldado na guerra, deve-se pedir pela sua segurança e bem-estar. Não peça a Deus para protegê-lo de tiros, bombas e outros perigos, pois isso será concentrar-se no lado negativo. Tal erro não prejudicaria o soldado de forma alguma, porém diminuiria em muito o seu poder de ajudá-lo. Ore para que o Amor Divino esteja com ele em todas as horas, e tenha fé em que isso acontecerá.

Os estudantes da Verdade que se utilizam da Oração Científica podem usá-la sob diferentes formas. *A Chave de*

*Ouro* é melhor quando você depara com uma dificuldade definida da qual quer ser libertado. Quando, por outro lado, quer trazer algo novo de bom para a sua vida, uma meditação como *O Bom Pastor* poderá ser melhor. No entanto, as pessoas conseguem resultados espantosos com todos os tipos de problema, pelo uso de qualquer dessas formas.

Um simples correr de olhos pela Bíblia, até se fixar de repente num texto inspirador, muitas vezes já deu resultados extraordinários.

*Ore serenamente. Não deixe as suas orações serem longas demais. Espere resultados, confiante.*

## Conhecendo a verdade – não a fabricando

É importante lembrar que a Verdade é verdadeira porque é verdadeira – não porque a fazemos assim. Quando oramos cientificamente, estamos nos lembrando da verdade e a percebendo melhor, como ela existe na realidade.

A oração não muda as coisas para nós, porém as muda sintonizando-nos com a Verdade eterna. Não muda a Verdade em si. Quando sintonizamos o nosso rádio na estação certa, pegamos o programa que estamos querendo, mas não o mudamos ao sintonizá-lo.

É muito útil lembrar-se que a Verdade é verdadeira, quer você a demonstre, quer não. Se você estivesse demonstrando cem por cento em cada fase da sua vida, seria uma delícia para você, porém a Verdade não seria mais verdadeira só por causa disso. Se você não estivesse absolutamente demonstrando, se não conseguisse fazer uma única demonstração em toda a sua vida, a Verdade continuaria sendo verdadeira, apesar disso.

A lei da Existência Absoluta é a harmonia perfeita, eterna e imutável, e crer nisso com um certo grau de convicção é a maneira de sair das dificuldades.

*Você tem que lidar exclusivamente com seus próprios pensamentos, suas próprias crenças.*

*E conhecereis a verdade, e a verdade vos libertará.* (João 8:32)

# Deus trabalha com alegria

Não pense que tem que orar especificamente por cada coisa boa que recebe. Espere que as coisas deem certo, de qualquer maneira, como resultado da sua oração diária inespecífica.

Não permita que seus estudos metafísicos façam com que perca o interesse na sua vida em geral, especialmente nos seus negócios. Quando isso acontece, pode significar que você está tentando usar a metafísica como uma válvula de escape. Se você estiver crescendo em verdadeira compreensão espiritual, a qualidade do seu dia de trabalho melhorará, o seu interesse nele aumentará e você automaticamente avançará e crescerá para coisas ainda mais importantes.

Não ore e medite como obrigação. Conscientize-se de que a oração é uma visita a Deus e que deve ser repousante e alegre – não uma tarefa desagradável.

Tampouco deve realizar as suas atividades temporais como obrigações necessárias, que têm que ser cumpridas logo, para que você possa retornar aos seus estudos metafísicos. Deve realizá-las com alegria, por elas mesmas, lembrando-se que, à luz da Verdade, não existem atividades temporais, pois todas as atividades são espirituais, se encaradas corretamente.

Você também precisa de recreação regular, para não se tornar uma pessoa cansada. A recreação também deve ser encarada como uma diversão – uma expressão divina –, não como uma tarefa que o prepare para orar melhor. E compreender a alegria de viver é a oração mais elevada de todas.

*Na Vossa presença está a plenitude da alegria.*

# A autorrecriminação atrasa a nossa vida

As pessoas que estão tentando sinceramente seguir a vida espiritual muitas vezes cometem o erro de serem exigentes demais consigo mesmas.

Como não parecem estar progredindo com a rapidez que lhes agradaria, ou porque se pegam repetindo algum erro antigo que imaginavam já ter superado completamente, ou porque depois de anos de doutrina ficam ocasionalmente resfriadas ou sofrem um pequeno acidente, sentem-se desanimadas e se condenam implacavelmente.

Tudo isso é bobagem. Se você está fazendo o máximo para usar a Verdade que conhece, no momento, está fazendo tudo a que tem direito de esperar de si mesmo. Quando uma dessas situações negativas se apresenta, pense serenamente na Verdade a seu respeito, isto é, *trate-a*, depois trate o seu próprio sentimento de desapontamento e desânimo, e acredite que essa oração será suficiente. Não banque o trágico nem tome uma resolução feroz para mudar tudo aquilo. Um tal procedimento seria utilizar-se da força de vontade, e na realidade faria o problema crescer muitas vezes além do seu tamanho original. Acredite na sua oração.

Não seja impaciente consigo mesmo... o que não quer dizer que deva ser preguiçoso ou complacente. Lide consigo mesmo como os pais sensatos lidam com uma criança rebelde – bondosa, pacientemente, porém com firmeza suave, sem esperar grandes resultados em um curto espaço de tempo, mas prevendo crescimento e melhora inevitáveis.

Claro que sabemos da existência de pessoas que se recusam a reconhecer suas falhas e fracassos, e tentam desculpar-se por qualquer coisa - mas tais pessoas, sem dúvida, não estão na senda espiritual.

Os estudantes sinceros da Verdade sempre tendem na direção oposta. Precisamos nos lembrar que devemos a caridade Cristã a nós mesmos, assim como aos outros.

# O estudo é uma coisa – o tratamento é outra

Estudar metafísica é uma coisa, mas o tratamento é outra bem diferente. As regras para uma não podem ser aplicadas a outra, caso se queira alcançar o sucesso. As pessoas muitas vezes confundem as duas coisas e, consequentemente, não conseguem demonstrar.

Quando você está estudando – lendo um livro metafísico, escutando uma palestra ou refletindo na Verdade que conhece –, deve ser liberal, sensatamente crítico, sem tomar nada como certo, deve pesar e considerar, sendo tão analítico quanto lhe aprouver. Não deve aceitar a palavra de ninguém para decisão alguma, porém, deve provar todas as opiniões, apegando-se àquelas que se justificam pela demonstração. "Por seus frutos vós os conhecereis."

Quando está tratando, a política exatamente oposta é a correta. Então você tem que ser dogmático, insistente, arbitrário, atrevido e mentalmente impermeável a qualquer coisa que não seja a Verdade, no tocante ao problema. Você cura conhecendo a Verdade sobre a condição e recusando-se serenamente a admitir a realidade do erro por um momento que seja. Não deve ser tolerante para com ele, de maneira alguma.

Não analise a condição que quer curar; isso será apenas lisonjeá-la, dando-lhe atenção. Não perca tempo pensando nas suas dúvidas. Pense: "Deus em mim é mais forte do que todas as minhas dúvidas juntas, portanto não vou perder tempo com elas. A Verdade é verdadeira o tempo todo, em toda a parte. A Verdade é verdadeira com relação a esse problema aparente – e não há mais nada a se dizer sobre o assunto."

Pode-se criar uma máquina elétrica que gere corrente se for acionada mecanicamente, ou que faça trabalho mecânico como motor, se for servida por energia elétrica. Da mesma forma, você pode usar o seu poder mental a fim de aprender mais sobre a Verdade, ou pode usá-lo para aplicar a Verdade que já possui. Porém, esses processos ainda são duas coisas diferentes.

Deus sempre trabalha com inteligência e discernimento.

# Onipresença

Não conheço nome melhor para dar ao que chamamos de metafísica, ou à religião ensinada por Jesus Cristo, do que denominá-la Prática da Presença de Deus.

Compreendida inteligentemente, isso inclui tudo. Praticada inteligentemente, é a chave para a saúde, a felicidade, a liberdade e o progresso espiritual.

É completamente simples e poderosa além da concepção humana. E é essa exata simplicidade que faz com que a maioria das pessoas a deixe passar. Consiste em primeiro acreditar, depois perceber gradativamente, cada vez mais, que Deus é o único poder e que tudo aquilo de que podemos tomar consciência é parte da sua autoexpressão. Esta é a história toda – simples, mas não fácil, é claro, porque temos hábitos de pensamento errado de toda uma vida para superar.

Não pode haver oração melhor nem mais eficaz do que sentar-se calmamente e refletir sobre esta verdade, a maior de todas, que é a única Verdade total e que tudo inclui.

Faça isso serenamente, sem tensão, com a máxima frequência que achar sensato, mesmo que seja apenas por alguns momentos de cada vez. Não deve tentar curar algo agindo assim – há outras horas para o trabalho da cura. Simplesmente pense na Verdade de que Deus é a única Presença e o único Poder. Pense ativamente, examinando o assunto mentalmente, enxergando-o sob diversos ângulos diferentes. Não se esforce por uma percepção, mas simplesmente reflita nesta grande Verdade, e em algumas das inumeráveis consequências que devem decorrer do fato de que ela é verdadeira.

Tenha prazer em rever a Verdade, que é a natureza de Deus, *por ela mesma*, e a percepção chegará quando você nem estiver esperando. Com o passar do tempo tais percepções serão mais claras e mais frequentes e você notará que as condições externas estão melhorando regularmente.

*Buscai primeiro o reino de Deus e a Sua justiça, e todas essas coisas vos serão acrescentadas.* (Mateus 6:33)

# Demonstração

É uma lei espiritual infrangível: aquilo que você entende você expressará, possuirá ou experimentará. E esta lei não conhece exceção.

Esta lei funciona automaticamente e não requer assistência da sua parte e nem, por outro lado, você conseguiria prevenir ou impedir a sua ação, caso quisesse fazê-lo.

Tão logo você obtenha uma compreensão nítida da Verdade Espiritual sobre qualquer condição ou objeto desejável, ela ou ele aparecerão automaticamente na sua vida. Naturalmente, você os verá surgir através dos canais normais, ou através de uma cadeia normal de circunstâncias, porém tais canais não se teriam aberto e nem as circunstâncias necessárias teriam ocorrido se você não tivesse obtido a sua compreensão.

A solução de qualquer problema – não importa qual – não pode levar mais tempo do que o tempo que se leva para compreender a Verdade a seu respeito.

No Velho Testamento, dizia-se às pessoas que elas podiam reclamar qualquer terra que ocupassem, ou na qual tivessem "posto o pé". Na Bíblia, a terra sempre significa manifestação, e espiritualmente o pé simboliza a compreensão e, em psicologia, concentração.

A compreensão necessária, é claro, deve ser obtida por meio da prece e da meditação – a montanha sagrada. (Isaías 52:7 e Naum 1:15)

# O estúdio oculto

Todos estamos dedicados à construção da nossa consciência, durante todas as horas em que estamos despertos. Esse trabalho é invisível, silencioso e, consequentemente, ignorado pelo grosso da humanidade. Apesar disso, é a atividade mais fundamental e importante na vida.

Todos nós vivemos construindo a nossa consciência o tempo todo, muito embora nem desconfiemos disso. Hora após hora, momento após momento, cada um de nós está construindo a sua vida com o bem ou o mal, o fracasso ou o êxito, a felicidade e o sofrimento, por meio dos pensamentos que tem – as ideias que acalenta, as crenças que aceita, as cenas e acontecimentos que remói – no estúdio oculto da sua mente.

Esse edifício decisivo, a cuja construção você vive perpetuamente entregue, é nada menos do que o seu *eu* – a sua personalidade, sua identidade nessa terra, a sua história como ser humano.

Se você for sensato, se for inteligente, se fizer uso do bom senso, à luz do que conhece, você edificará positiva e construtivamente, vale dizer *espiritualmente.*

Esse prédio fantástico, a consciência espiritual, chama-se na Bíblia o Templo de Salomão, e duas coisas maravilhosas nos são ditas sobre o prédio. Foi construído em silêncio – sem nenhum ruído (I Livro dos Reis 6:7), e sabemos que o pensamento é silencioso; e foi construído sobre uma rocha (II Livro das Crônicas 3:1) – e a Rocha é a verdade de Cristo da Onipresença e Onipotência de Deus.

# Um tratamento é uma operação

A palavra "tratamento" em geral se aplica a uma oração, que é feita para que se realize uma determinada cura, ou com algum outro propósito específico, diferenciando-se da oração em geral, que na verdade é uma comunicação com Deus, uma visita a Deus.

Você não deve esquecer que um tratamento é uma ação prática definida, com um objetivo definido, um começo e um fim definidos. É, na verdade, uma operação cirúrgica na alma.

Como uma operação cirúrgica, deve ser conduzida de maneira precisa e metódica, sob condições de perfeita esterilização.

Suponhamos que você decida curar certa dificuldade por meio da oração. Sabe que a sua dificuldade, seja ela qual for, deve ser causada por algum pensamento ou grupo de pensamentos negativos, carregados de medo, e localizados no seu subconsciente, e que se puder apagar tais pensamentos você ocasionará a cura que deseja.

Dessa forma, você se volta para Deus e se concentra na Sua bondade, Seu poder ilimitado, Seu interesse por você. À medida que você age, o medo começará a se dissolver e a lembrança dessas verdades também corrige as crenças errôneas em si.

Quando está satisfeito, ou pelo menos sente que não pode fazer mais nada na hora, agradece a Deus pela cura que sabe que chegará – depois se desliga totalmente do assunto até sentir-se impelido, após um intervalo, a tratar de novo.

Enquanto está tratando, você se recusa completamente a dar qualquer poder à dificuldade ou a admitir por um só momento que a cura não ocorrerá. Esta é a limpeza cirúrgica ou a esterilização.

A oração inespecífica é como o alimento, o ar puro e o exercício que nos conservam sadios, embora os apreciemos por eles mesmos. *Um tratamento é uma operação.*

*Ele enviou a Sua palavra, e os curou.* (Salmo 107:20)

## O que é “buscar o reino”?

O princípio que Jesus expressou nessas palavras é a lei básica que sustenta toda a demonstração ou resposta à oração, pois é a percepção de que Deus cura.

Muitas pessoas sabem disso em teoria, mas se confundem ao pô-lo em prática. Sem se dar conta direito do que estão fazendo, pensam com frequência: “Vou ignorar esse problema e pensar em Deus, em lugar disso.” Aqui existe um erro sutil, porque elas estão, na verdade, pensando no seu problema como existindo num lugar, em Deus como existindo em outro, e nelas mesmas como indo, em pensamento, do primeiro para o segundo lugar. Isso, naturalmente, é sugerir a reafirmação da existência do problema no seu próprio lugar, e tal crença não cura.

O que precisamos fazer é *buscar o reino no lugar exato onde parece haver o problema*. É preciso saber que, em Verdade e realidade, ele não está ali, porque Deus está ali. Este é o passo crítico. Quando tivermos êxito nisto, a dificuldade desaparecerá.

# Adoração significa vitória

Deus é maior do que qualquer problema.

Deus em você é maior do que qualquer dificuldade que você, pessoalmente, tenha que enfrentar.

Deus se importa com você mais do que é possível para qualquer ser humano se dar conta.

Deus pode ajudá-lo em proporção ao grau em que você O adora. Você adora Deus confiando realmente n'Ele, em vez de nas condições externas, no medo, na depressão ou nos perigos aparentes, e assim por diante.

Você adora Deus reconhecendo a Sua presença por toda a parte, em todas as pessoas e condições que encontra, e orando regularmente.

Você O nega quando permite que o medo blefe com você, quando acha que a limitação é inevitável, quando se entrega ao ressentimento ou à condenação, ou quando guarda mágoas.

Você ora bem quando ora com alegria, quando ora sem esforço porque acredita que Deus está fazendo a oração através de você, e quando realmente espera que a oração seja atendida – do jeito de Deus.

# É egoísmo?

É egoísmo orar por si mesmo? Algumas pessoas acham que sim, e dizem que se deve orar somente pelos outros, mas isso é uma ideia tola, naturalmente.

Você deve orar por si mesmo constantemente. Na verdade, deve passar mais tempo orando por si mesmo do que por qualquer outro motivo.

Como poderia ser de outro modo? Adoramos Deus acreditando n'Ele, confiando n'Ele, adorando-o devotadamente – e isso só se alcança através da oração.

O único objetivo de estarmos aqui é para crescermos como Ele – e isso só podemos fazer através da oração.

É impossível fazer qualquer progresso espiritual a não ser que estejamos tentando viver a vida cristã – e isso só podemos fazer através da oração.

O progresso espiritual será lento, enquanto estivermos preocupados, assustados, ressentidos, doentes ou desanimados – e essas coisas só podem ser superadas através da oração.

É um dever e uma alegria ajudar os outros, sensatamente, e deixar o mundo num estado melhor do que quando aqui chegamos – e isso só podemos fazer através da oração.

Quanto mais pedirmos a Deus por nós mesmos, mais força as nossas súplicas terão para outra finalidade qualquer. Sendo assim, vemos que orar por nós mesmos é o inverso do egoísmo... é verdadeiramente glorificar a Deus.

# Efetivando a visão

A história da salvação de um indivíduo poderia ser resumida desta maneira: primeiro ele tem a visão, depois a efetiva.

Bem, e o que realmente significa ter a visão, nesse sentido? Significa uma experiência mística e maravilhosa, como aquelas de que falam os profetas da Bíblia? Claro que não. Se tal coisa fosse necessária, então é óbvio que o grosso da humanidade não teria chance de salvação.

Você "tem a visão", nesse sentido, sempre que sente um desejo de ser um cristão melhor, de adquirir um maior conhecimento de Deus, de obter uma cura para o corpo ou de resolver qualquer problema prático por meio da oração.

Essa é a visão. Você aspira a ser algo melhor e maior do que é no momento, e acredita que a oração poderá fazer com que isso ocorra. Ou deseja superar alguma dificuldade, fugir de alguma limitação, e acredita que isso poderá ocorrer por meio da oração. Essa é a visão.

A visão é a convicção de que Deus salva e cura. E agora, depois de ter a visão, o passo seguinte é efetivá-la – torná-la efetiva na sua vida.

Isso é feito pela reorganização da sua vida – seus pensamentos, suas palavras, seus atos – para fazê-la harmonizar-se com o que você sabe ser a Lei de Deus. Essa é a Prática da Presença de Deus de que tanto falamos, e ela não pode falhar.

# Labuta mental não é oração

Espere mais das suas preces do que talvez esteja acostumado a esperar. O poder da sua oração depende da dose de fé que você próprio tem nela. Orar mentalmente considerando que "mesmo que essa oração não faça bem, mal não fará" não é realmente orar.

Longos períodos de oração constituem-se geralmente num erro. Tenha fé bastante no amor de Deus para crer que uma oração curta e sincera é tão boa quanto uma longa – o que, na verdade, é. Naturalmente, a oração curta pode ser repetida a intervalos.

Um tempo longo demais de oração em geral quer dizer que, intimamente, você duvida do amor de Deus e acha que só uma grande dose de esforço e labuta o comoverá. Na verdade, esta é uma maneira sutil de usar a força de vontade.

As pessoas dizem: "Orei longa e arduamente porque queria elevar a minha consciência." Bem, é claro, nenhum objetivo poderia ser mais importante do que esse, e se a maneira de consegui-lo fosse esta, você estaria agindo de modo sensato – mas não é.

Esse tipo de coisa não eleva a sua consciência nem um pouquinho sequer – cansa e desanima. Você está tentando *forçar* uma percepção imediata e tal procedimento está fadado ao fracasso.

Ore serena e sinceramente por um período de tempo razoável – depois pare, esperando o êxito. A seguir, faça alguma coisa bem diferente. Leia um bom livro ou revista, cuide dos seus negócios em geral, ou vá para a cama, se for noite. E uma bela demonstração virá no momento apropriado.

# O ouro e a prata, o marfim, os macacos e os pavões

Sabemos que a consciência espiritual que estamos todos dedicados a edificar é citada na Bíblia como o Templo de Salomão. O nome Salomão, literalmente, quer dizer tranquilo, e na Bíblia simboliza a sabedoria. Isso é lógico, pois a paz de espírito é o alicerce de toda edificação espiritual, da felicidade e de todo o êxito duradouro em qualquer atividade. Na verdade, a paz de espírito pode ser chamada de marca da autenticidade da compreensão. Buscar a paz e ir em seu encalço é a sabedoria suprema, pois garante a edificação do templo.

A Bíblia afirma que se podiam encontrar cinco coisas ao redor do templo - *ouro, prata, marfim, macacos e pavões*. Esta é a maneira de as Escrituras nos dizerem que existem cinco tentações principais que podem surgir para a alma que está lutando para ser livre - lutando para construir o templo espiritual. A forma particular que cada tentação assumirá naturalmente vai variar segundo o temperamento e as circunstâncias do sujeito, mas em princípio, será a mesma para todos.

Primeiro vem o *ouro*, que representa o desejo de poder pessoal sobre as outras pessoas, o desejo de regular as suas vidas, de fazer com que andem na linha - a nossa linha, é claro - e até mesmo de usá-las. Muitas pessoas na senda espiritual cederam a essa tentação. Têm que dominar as almas dos outros. Dizem consigo mesmas que o fazem pelo bem das vítimas, é lógico, mas isso na verdade é um desejo de poder pessoal e glorificação. Não é um pecado ignóbil como aquele ligado à prata, mas por este exato motivo é mortal, e muito mais perigoso, de longo alcance e duradouro. É citado em outra parte da Bíblia como "a mulher escarlate da Babilônia".

O verdadeiro significado do ouro, a coisa que o ouro simboliza, quando compreendido corretamente, é a onipresença e a disponibilidade de Deus. E, naturalmente, a tirania religiosa é uma negação disto. Você deve fazer tudo o que puder para ajudar, para esclarecer e para inspirar os outros, até onde o seu próprio entendimento o permita, porém não deve jamais tentar coagir-lhe as almas, ditar-lhe as convicções ou forçá-los a serem fiéis a você e suas opiniões. A tirania religiosa é venenosa para as vítimas, mas é absolutamente mortal para os tiranos.

A seguir vem a *prata*, que representa a cobiça pelo dinheiro ou pelo seu valor, pelos bens materiais que podem ser comprados, e até mesmo pelas riquezas em si, pela simples posse de uma grande fortuna. Ou talvez o ofensor não esteja interessado em riquezas. O que ele quer é ocupar uma posição de honra e dignidade aos olhos do mundo. Quer ser "alguém". Quer ser considerado importante e receber adulação ou aplauso.

Muitas vezes quer ser "líder", não porque tenha uma mensagem a oferecer – nesses casos nunca tem –, mas para ser importante e acatado. É como a garota que quer ser prima-dona não porque tenha voz e anseie por usá-la – e esteja disposta a esforçar-se e preparar-se –, mas simplesmente para aparecer nos jornais e receber os aplausos e os buquês.

Ele não se importa com o poder. Não é profundo o bastante para cair nesse pecado. Satisfaz-se com a aparência de poder e distinção. É vítima da vaidade e do egoísmo.

Agora, falando sem rodeios, isso é adorar o mundo, em vez de adorar a Deus, e o resultado natural é óbvio. Esse pecado é baixo e ignóbil, prontamente detectado até pelas pessoas menos sagazes, e portanto não é muito perigoso, exceto para o próprio culpado. Para ele, é uma barreira intransponível na senda espiritual, até que seja reconhecida e retirada.

A seguir vem o *marfim*, que representa um apego indevido a determinado mestre, a determinado livro didático, a determinada igreja ou organização. É uma lealdade equivocada. É um erro desinteressado, porém mortal. Qualquer mestre ou autor religioso, não importa o quão destacado; qualquer igreja ou organização, não importa o quanto amada, ainda assim não passam de *um meio para se alcançar um fim*. O fim em si é o crescimento espiritual.

Muitos estudantes obtêm grande auxílio por parte de um certo mestre ou certa igreja e fazem muito progresso durante algum tempo. Depois descobrem que ultrapassaram aquele mestre e que podiam obter mais ajuda em outra parte, mas se recusam a mover-se – devido a um senso errôneo de lealdade.

Você absolutamente não deve lealdade alguma a qualquer pessoa ou ideia, exceto à sua própria alma – e esta é a lealdade mais sagrada que pode ter. Reconheça com gratidão toda a ajuda que recebe de qualquer fonte, mas se lembre de que só deve lealdade a Deus, através do seu próprio desenvolvimento espiritual. Deve sentir-se livre, a qualquer hora, para ir aonde obtiver maior ajuda, independente das considerações pessoais. Fazer outra coisa é cometer o pecado contra o Espírito Santo.

O *macaco* representa as tentações corporais como a sensualidade, o vício das drogas, bebida e assim por diante. Tais coisas são tão evidentes que a vítima não se pode enganar quanto a elas, portanto, ao menos, sabe em que pé se encontra. Elas podem, é claro, ser vencidas pela oração sistemática.

O *pavão* representa a vaidade. Pode assumir a forma de orgulho intelectual, ou de uma ideia esnobe de que um grupo pequeno e obscuro não pode ter nada que valha a pena oferecer, ou do desejo de fazer parte do que está na moda e é poderoso, embora seja errado.

Inclui também o orgulho espiritual por parte daqueles que realmente estão na Verdade, e isso é pior do que todas as outras formas.

# Oração, sempre a resposta

A oração é sempre a solução. Não importa o tipo de dificuldade que você possa estar enfrentando, não importa o quão complicado o seu problema pareça ser – a oração pode resolvê-lo e endireitar lindamente as coisas. Claro que você também tomará as medidas práticas que pareçam ser adequadas, e se não souber quais medidas tomar, a oração irá indicá-las a você.

A oração trará à sua vida todo e qualquer resultado positivo, e descobrirá os seus próprios caminhos e meios para fazê-lo. A oração está constantemente permitindo que aconteça o aparentemente impossível, e não existe um só problema concebível que não tenha, alguma vez, sido resolvido pela oração.

Quando nos lembramos de que Deus é realmente onipotente, que não sofre os entraves daquilo a que chamamos de espaço ou matéria, dos caprichos da natureza humana, é fácil ver que não pode haver limite para o poder da oração.

Mesmo que você tenha ideias muito definidas sobre determinada situação, não deve se sentir tentado a dizer "É inútil orar por causa disso, porque estou resolvido a tomar tal e tal atitude amanhã, de qualquer maneira". Ore, mesmo assim, e, quando o amanhã chegar, você ainda terá liberdade de fazer aquilo que quiser. E poderá ter tido ideias melhores, depois de ter orado.

Você pode orar por causa de um problema e resolvê-lo em qualquer estágio, mas é claro que, quanto mais cedo você enfrentá-lo, mais fácil será a sua tarefa.

# A base espiritual

Ou se está na Base Espiritual, ou não se está, pois não há meias medidas quanto a isso.

Você está na Base Espiritual:

Se definitivamente dá todo o poder a Deus, no sentido mais literal, prático e prosaico da frase, e nenhum poder às condições existentes em qualquer época.

Se se recusa a dar poder ao erro, temendo-o.

Se realmente acredita que a oração pode e vai viabilizar qualquer coisa.

Se realmente acredita que a sua felicidade e o seu bem-estar são vitalmente importantes aos olhos de Deus.

Se se dá conta de que quaisquer ideias e crenças que aceita *têm que* ser expressas no seu corpo, no seu meio ambiente e em todos os seus relacionamentos e atividades.

Se tenta ver a Presença de Deus por toda a parte.

Se se dá conta de que, fundamentalmente, não tem nada a enfrentar, exceto seus próprios pensamentos.

Se, em resumo, compreende que está num universo mental, que as coisas são pensamentos e que a história da vida de uma pessoa é, fundamentalmente, a expressão da sua crença em Deus.

# Quando Deus não age

Todos acreditamos que o amor de Deus é invencível. Todos acreditamos que Sua inteligência, Seu conhecimento e Seu poder são infinitos. Todos acreditamos que Deus se importa conosco num grau inimaginável e que cada um de nós é igualmente precioso aos Seus olhos. No entanto, em muitos casos, a cura e a harmonia não decorrem de tal conhecimento. Por que será?

Na maioria dos casos, é porque esquecemos que tais qualidades precisam ser concretizadas em nós mesmos antes que possam aparecer nas nossas vidas. Saber que elas existem em Deus não é suficiente. É preciso procurar expressá-las em nossas vidas pessoais antes que possam fazer qualquer coisa por nós.

O Amor Divino será onipotente para nos curar e ajudar, desde que estejamos expressando o Amor Divino em nossos próprios pensamentos, palavras e atos. A Sabedoria Divina será capaz de nos guiar, desde que oremos pedindo orientação e estejamos sinceramente preparados para fazer a vontade de Deus, e tentando viver a vida cristã. O Poder Divino será poderoso em nossas vidas, na medida da fé que tenhamos nele.

*A única maneira de conhecer Deus é buscar expressá-lo em nossas vidas.*

# A vida consagrada

Em que consiste a vida consagrada?

A sua vida é uma vida consagrada quando você está pronto, a toda hora, para fazer a vontade de Deus – quando está disposto e ansioso para que Deus se expresse integralmente através de você, por meio de seus pensamentos, palavras e atos, durante cada hora do dia.

Se você está sinceramente tentando viver desse jeito, consagrou a sua vida a Deus, e não pode fazer mais nada.

Não está interessado no aspecto dos resultados. Os resultados a Deus pertencem.

Quer você seja encarado como fazendo algo notável ou até magnífico externamente, ou quer as suas atividades externas pareçam ser insignificantes, isso de nada importa. Você está consagrando a sua vida a Deus, e não pode fazer nada maior, melhor ou mais elevado do que isso.

*Aqui estou; enviai-me.* (Isaías 6:8)

# Não use um martelo mecânico para matar moscas

Não mate moscas com um martelo mecânico, pois esse é um método trabalhoso e caro. Um grande martelo mecânico custa muito dinheiro e ocupa muito espaço. Na verdade, montá-lo e depois operá-lo tomará a maior parte do seu tempo. A seguir, você terá que pegar cada mosca separadamente e prendê-la no lugar enquanto o imenso martelo faz o seu serviço.

A melhor maneira de matar moscas é comprar um mata-moscas num simples bazar e bater na mosca, uma vez, quando ela aparecer. Isso é simples e gasta apenas um momento na sua vida.

Claro, tudo isso é apenas para mostrar como muita gente tem o infeliz talento para fazer as coisas da maneira mais difícil, quando há um modo bem mais fácil à disposição. Elas passam metade do dia correndo daqui para ali a fim de realizar algo que outra pessoa faria tranquilamente em meia hora ou menos, agindo com inteligência. Escrevem e reescrevem uma carta comprida meia dúzia de vezes, quando 50 palavras num postal, ou cinco minutos ao telefone, teriam resolvido facilmente o problema. Sempre precisam ir de Nova York a Nova Jersey via Europa, Índia e China. Nas palavras de uma fábula chinesa, queimam a casa para conseguir um pedaço de porco assado.

Você deve se acostumar a fazer as coisas o mais direta e simplesmente possível, com o mínimo de confusão, especialmente na sua vida espiritual. Quando orar, vá direto ao assunto. Não fique pairando sobre o problema, baixe sobre ele. Conheça a Verdade sem preliminares ou rodeios.

Em outras palavras, não use um martelo mecânico para matar moscas.

# Por que isso tem que acontecer comigo?

Quando surge uma dificuldade, as pessoas às vezes perguntam: "O que fiz para merecer isso? Por que isso tem que acontecer comigo? Acho que não fiz nada de muito errado."

A resposta a isso é que a nossa experiência é a resultante da totalidade das nossas crenças, e que todos temos muitas crenças e ideias que desconhecemos, ocultas no subconsciente, coisas que lemos ou ouvimos contar na infância, ou desde então. Ademais, crenças e tendências com as quais nascemos ainda estão conosco e têm poder para influir em nossas vidas.

Todos temos algumas dessas coisas e, quando elas se expressam sob a forma de dificuldades, isso significa que chegou a hora de nos livrarmos delas, superando o problema, seja ele qual for, por meio da oração e de uma conduta sensata.

As suas habituais orações e meditações diárias e a sua leitura de livros espirituais estão fazendo esse trabalho de limpeza o tempo todo.

Com muita frequência as suas dificuldades não se devem a alguma coisa do passado, mas a algum erro que você está cometendo no presente. Provavelmente não está fazendo nada que possa ser considerado errado, de um modo geral, mas pode estar trabalhando em excesso (o que é usar a força de vontade), pode estar negligenciando as regras normais da saúde ou pode estar reduzindo o tempo dedicado à oração, iludindo-se de que está "ocupado em demasia". *Muito ocupado para ter tempo para Deus!*

Faça uma breve avaliação da situação e, se o ponto fraco não for aparente, peça a Deus para mostrá-lo a você.

*Ele se importa com você.*

# Oração e ação sensata

Ao se resolver um problema pela oração, é geralmente necessário tomar-se também certas medidas práticas. Uma ação sensata deve ser acrescentada à oração. Ore pela sua dificuldade, mas peça também a Orientação Divina, depois tome quaisquer medidas que o bom senso ditar. Nunca podemos deixar de nos lembrar que aquilo a que chamamos bom senso é, em si, uma expressão da Sabedoria Divina. É tolice orar pedindo auxílio e negligenciar um degrau evidente e disponível.

Muitas pessoas parecem achar que tomar alguma medida "material" demonstra falta de fé em Deus e diminui o poder da oração. Perguntam se isso não é tentar servir a dois senhores.

O caso é exatamente o contrário. Todos sabemos que uma ação não passa da expressão externa de um pensamento, e que uma ação sensata é a expressão de um pensamento sensato ou verdadeiro; portanto, tomar medidas sensatas é apenas a prova de que se está pensando corretamente e é, na verdade, uma parte da oração em si.

Devemos aprender a ver Deus em nossas palavras e atos, assim como em nossos pensamentos.

# Muita faca e nada para cortar

Como você pode progredir rapidamente no conhecimento da Verdade? Qual a melhor maneira de crescer espiritualmente? Como pode adquirir força na oração?

A resposta a essas três perguntas é a seguinte: use toda a compreensão que possui no momento presente para superar as suas dificuldades atuais, sejam elas quais forem.

Como pode obter um melhor conhecimento de Deus? Como pode chegar a conhecer Deus? Novamente, a resposta é a mesma, use a compreensão, o entendimento que tem no presente para resolver os problemas práticos. Todo problema resolvido pela oração e toda dificuldade que você supera pelo tratamento espiritual ensinam-lhe mais sobre Deus e desenvolvem a sua natureza espiritual com mais rapidez do que qualquer outra atitude que você possivelmente tomasse. Uma dificuldade vencida dessa maneira ensina-me mais do que o melhor mestre ou o melhor livro.

As pessoas às vezes perguntam: "Como posso aprender a amar a Deus?" A resposta ainda é a mesma. Supere uma dificuldade, grande ou pequena, pela oração, e sentirá uma sensação de gratidão e alegria, que é realmente o amor a Deus, e tão logo ele comece, crescerá e crescerá até dominar toda a sua vida.

De que vale estudar a Verdade, ler livros, assistir a conferências, se você não põe tais coisas em prática? Parece estranho (mas acontece) que existam pessoas que estudam a metafísica durante anos e nunca tentam realmente pô-la em prática. Não é de admirar que não façam praticamente progresso algum. Num caso desses, não existe o equilíbrio entre o consumo e o dispêndio, que é essencial para todas as coisas vivas. É muita faca e nada para cortar.

*Deus não nos dará mais, a não ser que usemos o que já temos.*

# Deixando as coisas nas mãos de Deus

As pessoas às vezes falam em deixar um problema nas mãos de Deus. Claro que isso é um excelente procedimento, especialmente quando parece que não há mais nada que se possa fazer a respeito.

Você deve estar atento, contudo, ao significado real dessa frase. Deixar uma coisa nas mãos de Deus não significa simplesmente entregá-la a Deus, depois esquecer tudo a seu respeito. Ou, o que é pior, permitir-se pensar negativamente nela, de vez em quando.

Significa que, cada vez que o assunto vem à sua mente, você deve afirmar que Deus está resolvendo o problema à Sua maneira, e que tudo dará certo. Se seguir tal política, a demonstração virá, mais cedo ou mais tarde.

O modo de lidar com um bulbo é enterrá-lo num local adequado, onde terá o tipo certo de solo e umidade suficiente, e, mais tarde, quando estiver pronto, muito sol também. Isso é trabalhar em harmonia com as leis da natureza.

Jogá-lo dentro de uma gaveta e esquecer-se dele é uma coisa totalmente diferente. Isso não é entregá-lo à natureza, é o contrário. A primeira política é criativa, a segunda não é.

O mesmo acontece com seu problema. Deixá-lo nas mãos de Deus é uma atividade espiritual viva e criativa.

*Aquietai-vos e sabei que Eu sou Deus.* (Salmo 46:10)

# Novos nomes para velhas coisas

A psicologia moderna fez um bom trabalho lançando uma nova luz sobre muitos aspectos da mente humana, ajudando-nos assim a nos compreendermos melhor. Naturalmente, ela não pode tomar o lugar da oração, mas ainda assim tem a sua utilidade.

Precisamos conhecer um pouco do funcionamento da mente humana para que possamos redimi-la. Vale lembrar, todavia, que sempre soubemos muito a seu respeito, de um modo geral, e que devemos evitar ficar confusos ou intimidados pela moderna nomenclatura usada pela psicologia. Na sua maior parte, não passa de dar novos nomes a coisas velhas. Os novos nomes são, muitas vezes, mais precisos e instrutivos, mas as coisas a que se referem são coisas que sempre soubemos.

Sempre soubemos, por exemplo, que a qualquer momento temos apenas consciência de um certo número de ideias, das coisas que estamos fazendo e em que estamos pensando – e isso representa o que a psicologia chama de "consciente".

Sempre soubemos que conhecemos um grande número de coisas sobre as quais não estamos pensando num dado momento, algumas das quais esquecemos completamente, mas que podem ser trazidas de volta por algum incidente inesperado. E é a isso que a psicologia chama de "subconsciente ou inconsciente".

Sempre soubemos que temos tendência a nos enganar pensando que agimos por determinado motivo quando a verdade é que estamos agindo por outro bem diferente. E isso é a "racionalização".

Sempre soubemos que a natureza humana é muito engenhosa para inventar algum esquema ilícito para fugir de um dever desagradável ou para evitar enfrentar um fato aborrecido – e isso é o "mecanismo de fuga".

E assim por diante com a maioria dos termos técnicos da psicologia moderna. O importante é certificar-se de que, quando os usarmos, eles sejam nossos servos e não nossos senhores.

Naturalmente, a única coisa que importa é obtermos um melhor conhecimento de Deus, e de nós mesmos, e qualquer estudo ou experiência nesse sentido será boa.

*Familiarizai-vos com Ele, e estai em paz.* (Jó 22:21)

# Exatamente o que fazer

Se surgir um novo problema...
*Retorne aos princípios básicos.*

Se um antigo problema persistir...
*Retorne aos princípios básicos.*

Se tudo parece estar dando errado...
*Retorne aos princípios básicos.*

Se está se sentindo deprimido ou desanimado...
*Retorne aos princípios básicos.*

Se estiver nervoso, ou mesmo assustado...
*Retorne aos princípios básicos.*

Se alguém estiver sendo incômodo...
*Retorne aos princípios básicos.*

Se quer progredir mais rapidamente do que parece estar progredindo...
*Retorne aos princípios básicos.*

# A oração resolve

Qualquer que seja o seu problema, a oração pode resolvê-lo para você. Qualquer que seja o seu fardo, a oração pode dissolvê-lo. O que quer que lhe falte para tornar a vida completa, a oração fornecerá.

Lembre-se de que estará orando sempre que estiver pensando em Deus – quer chame isso de oração, quer não. Estará orando sempre que estiver lendo a Bíblia ou qualquer livro espiritual, quando estiver meditando, e quando estiver asseverando que Deus está pensando, falando ou agindo através de você.

Desse modo, você está vendo que, sempre que estiver fazendo qualquer dessas coisas, estará vencendo, estará se acercando mais de Deus. Estará espiritualizando a sua natureza. Estará, na fraseologia moderna, esvaziando o subconsciente.

As pessoas muitas vezes perguntam qual é a melhor maneira de redimir o subconsciente, de livrar-se do medo e de outras coisas negativas que nele se encontram. Novamente, a resposta é – *oração.* A melhor maneira de redimir o subconsciente é enfrentar cada dificuldade à medida que ela aparece – pela oração – e rejubilar-se no conhecimento de que a Prática da Presença de Deus é a grande libertadora. Esta é, de longe, a melhor e mais poderosa forma de psiquiatria.

# Misericórdia e verdade

*A misericórdia e a verdade se uniram; a justiça e a paz se beijaram.* (Salmo 85:10)

Esse versículo enuncia uma grande lei espiritual. Diz que a *misericórdia* e a *verdade* se uniram. Isso significa, naturalmente, que quando nos encontramos numa dificuldade, a nossa salvação consiste em saber a Verdade sobre ela. Quando percebemos a Verdade, mesmo até um certo ponto, a condição começa a sarar, e esta é a "misericórdia" que recebemos. A Verdade é que cura, e é portanto a agente da misericórdia.

A segunda metade do versículo diz, numa figura de estilo oriental, que a *justiça* e *a paz* se beijaram. A justiça, como sabemos, quer dizer, na verdade, o modo de pensar certo, e a lição que se tira daqui é que o modo de pensar certo traz a paz... e que eles andam de mãos dadas. A paz de espírito é a primeira e maior dádiva que um ser humano pode receber, e apenas pode ser obtida pela percepção da verdade.

A paz de espírito é não apenas a maior das bênçãos, por si só, mas traz junto consigo muitos outros prêmios para a nossa vida. Por exemplo, a paz de espírito liberta a energia do subconsciente e nos permite fazer muitas coisas que, se não fosse por isso, estariam além do nosso alcance. Ela cura o corpo, permite que novas ideias surjam da Mente Divina, e pode ser chamada, na verdade, de a marca da autenticidade do entendimento.

# A imprevisibilidade de Deus

Uma das coisas mais maravilhosas em Deus, do ponto de vista do ser humano, é a Sua imprevisibilidade. Quando oramos da verdadeira maneira espiritual, deixando para Ele a solução e desejando apenas que seja feita a Sua vontade – porque acreditamos que a Vontade de Deus é sempre algo alegre e bom –, sabemos que nossa oração será atendida, mas nunca exatamente como.

Deus atende às orações da maneira mais inesperada – o que já é metade do divertimento. Quando oramos, em geral parece que existe um modo óbvio pelo qual será feita a demonstração... e, então, eis que ela aparece de um modo surpreendente e delicioso. Às vezes parece não haver meio, em termos humanos, para a solução do problema, e no entanto ele é resolvido de maneira gloriosa e emocionante.

*Deus age inesperadamente.* Se tivermos fé serena em nossa oração, sem ficarmos tensos ou irritadiços, deixando maneiras e meios nas mãos d'Ele, mas tendo confiança no surgimento da demonstração, ela surgirá, e o resultado será ainda melhor do que esperávamos.

*Ponde vossas delícias no Senhor, e Ele atenderá os desejos de vosso coração.* (Salmo 37:4)

# Um livro espantoso

Qual é, de longe, o maior de todos os livros? – A Bíblia.

Qual é o mais amplamente difundido de todos os livros, o maior bestseller de todos os tempos? – A Bíblia.

Qual tem sido o mais amado de todos os livros? – A Bíblia.

Qual tem sido o mais odiado de todos os livros (por uma pequena minoria que não o compreendeu)? – A Bíblia.

Qual é o mais arrebatadoramente interessante de todos os livros? – A Bíblia.

Qual é o livro mais claro, melhor e mais útil sobre a psicologia prática? – A Bíblia.

Qual é o livro didático mais simples e eficaz sobre a metafísica? – A Bíblia.

Qual o maior de todos os livros de história? – A Bíblia.

Qual é o livro que contém a maior e melhor poesia do mundo? – A Bíblia.

Qual a melhor coleção do mundo de biografias bem escritas, instrutivas e inspiradoras? – A Bíblia.

Que livro se deve estudar para se dominar bem, vigorosa e perfeitamente um idioma? – A Bíblia.

Existe um atalho para a vida espiritual? – Sim, a Bíblia.

Qual é o livro que pessoa alguma, em parte alguma, pode se dar ao luxo de desprezar? – A Bíblia.

# E então você acredita nisso

Todos estamos constantemente expostos a sugestões negativas no decorrer da vida. Pessoas bem-intencionadas nos dão tais sugestões, em conversa. Nós as escutamos, ou ouvimos de passagem, em reuniões sociais, encontros de negócios, e assim por diante, e deparamos com elas em jornais e no rádio. Esse fato preocupa muita gente e quase lhe dá vontade de isolar-se numa torre bem alta onde nada de negativo pudesse penetrar.

Claro que tal ideia é bastante equivocada. Estamos neste mundo apenas para aprender a lidar com esse exato problema, e seria um erro capital fugir dele, mesmo que tal atitude fosse exequível. Estamos aqui para aprender a lição de que o mal não tem poder algum, exceto aquele que lhe damos, acreditando nele.

Nenhum pensamento negativo ou insinuação falsa podem fazer-lhe o menor mal, a não ser que você os *aceite*. E não se esqueça de que receber uma sugestão negativa e *aceitá-la* são duas coisas totalmente diferentes. A não ser que você *aceite* uma ideia, ela não existe, no que lhe diz respeito, pois não tem efeito algum sobre a sua vida.

Naturalmente, isso é tão verdadeiro para as ideias boas e positivas quanto o é para as negativas. Se você não *aceitar* uma ideia boa ou verdadeira, ela não poderá influenciá-lo. Há séculos que as pessoas leem nas Escrituras que Deus é amor e que a fé move montanhas, mas mesmo assim ainda andam assustadas e frustradas, porque não *aceitaram* realmente essas ideias, embora consentissem formalmente nelas, por respeito à Bíblia.

Agora, eis a pergunta vital: O que significa *aceitar* uma ideia? *Como se aceita* uma ideia? Bem, é bastante simples: *aceitar* uma ideia é *acreditar* nela. Só isso.

Se você acredita numa insinuação negativa, ela o prejudica na medida do que crê. Se não acredita nela, não pode prejudicá-lo. Se, por exemplo, você escuta alguém dizer que Chicago fica no Texas, não acredita nisso; portanto, quando escreve para as pessoas naquela cidade e coloca o endereço certo, as suas cartas não se extraviam. A mesma coisa se aplica às boas ideias.

O Evangelho é a Boa-Nova, mas não pode ajudá-lo a não ser que você o *aceite* e *creia* nele – e, naturalmente, se você crê nele, está tentando vivê-lo.

*Familiarizai-vos com ele, e estai em paz; e desse modo a felicidade vos será dada.* (Jó 22:21)

# Minha montanha sagrada

*Eles não ferirão nem destruirão em toda a
minha montanha sagrada.*

Isaías 11:9

Deus prometeu que qualquer um de nós que realmente o deseje, e fale a sério, pode ter paz de espírito, serenidade e segurança, e com essas coisas virão, naturalmente, a liberdade, a harmonia global e uma vida alegre e interessante.

Deus nos prometeu que, se realmente o desejarmos e falarmos a sério, poderemos viver em perfeita segurança, não importa o que possa estar acontecendo à nossa volta; e que não apenas estaremos seguros, mas que nos daremos conta disso, ficando assim livres até do medo infundado. E como Deus é o Amor Divino, Ele ordenou que podemos criar tais condições, ao menos em grande parte, para aqueles que amamos e a quem desejamos ajudar. Portanto, esse não é apenas um arranjo egoísta para cuidar exclusivamente de nós mesmos.

Deus faz essa promessa gloriosa nas páginas da Bíblia, em muitos textos distintos, ao longo de todo o livro, cada um deles enunciado de modo diferente e abordando o assunto sob um ângulo diferente, mas ensinando a mesma lição.

O ponto essencial é que, para fazer com que tais coisas aconteçam, temos que orar frequentemente, tentar obter a melhor percepção que pudermos da Presença de Deus conosco, e treinar-nos para dar todo o poder a Ele – o que, é claro, quer dizer não dar poder a nada dessemelhante a Ele.

Não é necessário dizer que esta condição não é completamente alcançada da noite para o dia. Leva tempo. Mas é surpreendente o quanto pode ser alcançado, e como as condições podem ser radicalmente melhoradas mesmo num período de poucas semanas – se a pessoa realmente estiver falando a sério.

Isso, é claro, é mesmo aquilo que alguns dos antigos místicos chamavam de Prática da Presença de Deus.

O importante é saber que não é algo místico, abstrato, intricado, mas sim algo singelo, simples e prático, embora não exatamente fácil.

Lembre-se frequentemente, no decorrer do dia, de que Deus está com você, cuidando de você e guiando-o, e que não importa o que quer que você esteja dizendo ou fazendo está sendo realmente feito através de você por Ele. Não muito sutil ou obscuro, não é?

Você sabe que, na Bíblia, a montanha significa o pensamento elevado, a consciência da Presença de Deus, e é, portanto, sagrada – o que não quer dizer submissa ou falsamente piedosa, mas sim serena, sadia, harmoniosa e alegre.

A promessa é clara e inconfundível. Não podemos ser feridos de forma alguma se residirmos, a maior parte do tempo, na montanha sagrada.

# Estrada ruim

Todos aqueles que trilham a senda espiritual já descobriram que, ocasionalmente, nos primeiros anos (e, com frequência, conforme o tempo passa) de repente lhes é quase ou totalmente impossível orar. Muitas vezes lhes parece não conferir sentido algum o contato com Deus. Isto, com certeza, os deprime e, às vezes, os leva a um medo maior, a um quase desespero.

Bem, essas reações severas não são necessárias, tão logo você saiba que todos passam por elas. Se você achar que é o único que já experimentou tais coisas, elas naturalmente irão assustá-lo. Mas agora você já sabe que não é assim.

Esse problema é causado pelo exagero. Você andou orando longa ou arduamente demais, ou andou devotando tempo em demasia exclusivamente ao trabalho espiritual, em vez de ter também outros interesses na vida. Isso é, na verdade, uma condição de cansaço e congestão psicológica. Os místicos medievais chamavam a essas épocas "estações de seca" e sofriam intensamente porque acreditavam que eram pecaminosas.

O remédio não é se debater, então, mas saber que isso seguramente irá passar e que a sua alegria espiritual voltará. Se não conseguir orar, não tente, mas pense: "Deus é tão bom que eu não preciso orar; Ele cuidará de mim assim mesmo." (Claro, isso, por si só, é uma oração maravilhosa.) Se houver um sentimento de depressão, pense que "só uma parte de *mim*" está deprimida, "eu" não estou, pois sei das coisas.

Numa longa viagem de carro, às vezes acontece que você depara com um trecho de estrada ruim, difícil. Durante centenas de quilômetros a viagem foi perfeita, mas agora você está aos trancos e barrancos, contudo não se preocupa, porque sabe com certeza que aquilo só durará alguns quilômetros. Na verdade, provavelmente há um cartaz avisando: "Estrada asfaltada adiante" dali a cinco ou dez quilômetros, ou coisa parecida.

Se a estrada ficar ruim na sua vida espiritual, volte-se para a luz e diga: "Estrada asfaltada adiante."

*Aquietai-vos, e sabei que Eu sou Deus.* (Salmo 46:10)

## Um ladrão na noite

Não adianta lutar por uma percepção. Você não poderá compeli-la pela força de vontade e é exatamente essa luta que, na verdade, a adia. A coisa certa a fazer é orar serenamente o melhor que puder, conhecendo a Verdade com a maior clareza que puder, porque ela é a Verdade e há muito tempo que você decidiu estar do lado da Verdade. Tendo feito isso, cumpriu o seu dever e está sabendo que, já que não há uma palavra de oração que seja nula ou desperdiçada, a demonstração virá, na sua hora. Não seja impaciente.

Dirigindo-se a Deus desse modo, a percepção chegará quando você menos esperar, quem sabe quando estiver em oração, quem sabe mais tarde, quando estiver preocupado com outras coisas. Nesse meio tempo, lembre-se de que pode conseguir demonstrações maravilhosas sem nenhuma percepção consciente, embora, é claro, uma percepção seja desejável porque significa um passo maior à frente.

Jesus, no seu jeito intrépido e vívido, compara essa experiência (surpreendentemente) à entrada de um ladrão ou gatuno numa casa, no meio da noite. Um ser inferior se acanharia em utilizar tal comparação, mas Jesus desejava chamar a atenção e enfatizar a lição com uma figura de estilo particularmente impressionante e dramática. É óbvio que o ladrão escolherá uma hora em que não seja esperado. A única coisa que deseja é que o dono da casa não esteja preparado. A essência do seu trabalho é a surpresa.

Bem, é exatamente assim que surge a percepção, e acho que, depois de levarmos em consideração essa imagem tão vívida, não tenderemos de novo a trabalhar diretamente por uma percepção.

*Vigiai, pois, não sabeis a hora em que virá o Senhor. Mas sabei que, se o dono da casa soubesse a hora em que viria o ladrão, vigiaria e não deixaria que arrombassem a sua casa. Por isso, estai também vós preparados, porque o Filho do homem virá numa hora em que menos pensardes.* (Mateus 24:42-44)

# Quanta fé é necessária?

Tenha fé na sua própria fé. Tenha fé o bastante em si mesmo para acreditar que realmente tem fé o bastante para mover montanhas.

Esta ideia é estranha? Provavelmente o é para muita gente, porém Jesus a ensinou.

As pessoas vivem dizendo que gostariam de ter mais fé porque, se a tivessem, poderiam obter melhores resultados. É preciso dar-se conta, contudo, que tal maneira de pensar é extremamente negativa e prejudicial. É afirmar, embora de maneira indireta, que a nossa fé é muito fraca e você sabe o que isso significa.

Jesus disse que a mínima dose de fé (como um grão de mostarda) é suficiente.

Se você tem fé o bastante para orar, já tem fé inicial o bastante. Se não tivesse fé alguma, nem estaria orando.

Tenha fé na sua própria fé, e isso, por si só, irá desenvolvê-la mais e mais, até que a obra esteja feita.

*Não sejais incrédulo, mas homem de fé.* (João 20:27)

# O que a metafísica não é

A metafísica não é Pollyanna. Não diz que "tudo vai dar certo". As coisas não darão certo até que você faça com que deem certo, pelo modo certo de pensar. Definitivamente, você pode atrair para si próprio grande quantidade de problemas, pensando errado e negligenciando Deus.

Não é um esquema de "enriqueça rapidamente". Ensina-lhe que, se tiver fé em Deus, Ele suprirá fartamente as suas necessidades, mas a metafísica não trará o dinheiro, por ele só.

Não lhe ensina que basta apenas você *ordenar o que quer* – pensando no que quer – para que Deus tenha que obedecer às suas ordens. Tal ideia absurda em geral termina em desastre. A verdade é que você pode apenas demonstrar aquilo de que realmente tem consciência; e aquilo de que tem consciência deve demonstrar.

Não é *mente sobrepujando a matéria*. Ensina-nos que o que vemos não passa de nossos pensamentos e crenças materializados. Desse modo, não tentamos dominar algo do lado de fora de nossas mentes, mas sim modificar as nossas mentes.

Não finge que seu *problema é imaginário*. Admite que ele existe como experiência. Mas diz que tal experiência pode ser desfeita pela percepção da Presença de Deus.

Não é a *cura pela fé* no sentido comum de lutar contra um mal supostamente real com fé cega e força de vontade. Ensina-nos uma Fé inteligente e compreensiva, baseada na bondade e onipresença de Deus.

Não é *panteísmo*. O panteísmo, como é geralmente compreendido, dá ao mundo exterior uma existência separada e substancial, e diz que ele é parte de Deus – inclusive toda a maldade e crueldade que nele se encontram. A verdade é que Deus é a única presença e o único Poder, que Ele é inteiramente bom, que o mal é uma crença falsa sobre a Verdade; e que o mundo exterior é uma extraprojeção de nossas próprias mentes.

# O poder do pensamento

As leis do pensamento são as leis do destino. *Aquilo em que crê sinceramente você traz para sua vida.*

Estes pequenos ensaios destinam-se a instruir o leitor sobre a Verdade Espiritual Básica e a oferecer material para meditações curtas. Foram publicados, semanalmente, durante vários anos.

Os assuntos são, em geral, abordados num estilo leve e divertido, e muitas vezes tratam de incidentes familiares do dia a dia. O motivo para tal método é o seguinte:

O autor sempre acreditou que as Verdades Espirituais, Filosóficas e Metafísicas fundamentais podiam ser enunciadas na linguagem mais singela e simples, para que qualquer criança inteligente as pudesse entender. É verdade que a maioria dos escritos que tratam desses grandes assuntos sempre foi muito obscura e cheia de jargões técnicos. Mas este autor acha que isso é desnecessário.

Certos assuntos, como a matemática mais profunda, por exemplo, terão que ficar fora do alcance do leigo. Porém, isso não tem importância, porque eles não dizem respeito à sua vida prática. A compreensão da Verdade Espiritual, por outro lado, não apenas diz respeito ao homem comum, como é uma necessidade vital na sua existência. Portanto, deve ser necessariamente possível para ele obtê-la de uma forma que possa usar. Tanto o conhecimento espiritual mais elevado quanto o mais profundo devem ser capazes de ser compreendidos por qualquer pessoa razoavelmente inteligente.

Essas grandes Verdades nos são reveladas, na realidade, não apenas nas páginas de tratados inacessíveis, mas nos detalhes aparentemente insignificantes e banais do dia a dia. Tais detalhes práticos – os problemas e experiências cotidianos – apresentam as perguntas e também oferecem as respostas aos grandes problemas da vida humana, quando se tem a Chave Espiritual.

O autor tenta, na medida do possível, evitar o uso de terminologia técnica, e jamais emprega uma palavra de três sílabas onde cabe uma de duas.

Cada um desses ensaios ilustra uma ou mais leis da psicologia ou metafísica. Tente, em cada caso, descobrir por si mesmo qual é a lei particular citada, depois veja se a está usando de maneira construtiva. Se não estiver, precisará mudar sem demora os seus hábitos de pensar, pois *as leis do pensamento são as leis do destino.*

Este livro foi composto na tipologia Minion Pro Regular, em corpo 10,5/13, e impresso em papel off-set 56g/m² no Sistema Cameron da Divisão Gráfica da Distribuidora Record.